KB141419

미래 선생님 마스터플랜

미래 선생님 마스터플랜

초판 1쇄 발행 2021년 2월 15일

지은이	theD마스터플랜연구소(차여진)
발행인	조상현
마케팅	조정빈
편집인	김유진
디자인	김희진

펴낸곳	더디퍼런스
등록번호	제2018-000177호
주소	경기도 고양시 덕양구 큰골길 33-170
문의	02-712-7927
팩스	02-6974-1237
이메일	thedibooks@naver.com
홈페이지	www.thedifference.co.kr

ISBN   979-11-61252-91-9 03370

| 더스 | 더디 | 더디퍼런스 | 마이북

십대가 되고 싶은 직업 로드맵

미래 선생님 마스터플랜

theD마스터플랜연구소 지음

더디퍼런스

나는 왜 선생님이 되고 싶을까?

중·고등학생을 대상으로 희망직업을 조사하면 1위는 언제나 선생님이다. 선생님과 함께 인기를 누리던 의사, 약사, 공무원 등의 순위가 떨어져도 선생님은 '연예인'이나 '건물주', '웹툰 작가' 등의 직업 사이에서 1위의 자리를 굳건히 지키고 있다. 이상한 일이다. 학부모와 학생이 모두 '선생님'을 선호한다니. 선생님이라는 직업에는 어떤 매력이 있는 걸까?

우선 선생님은 우리에게 무척 친숙한 직업이다. 선생님을 직업으로 체험해본 적이 없는데도 왠지 선생님이 무슨 일을 하는지, 어떤 직업인지 아주 잘 알 것만 같다. 우리가 선생님을 가까이에서 자주 접했기 때문이다. 아장아장 걸을 때부터 매일 선생님을 만났으니, 어쩌면 부모님보다 더

긴 시간을 함께 보냈는지도 모른다. 공부만 가르쳐주는 것이 아니라 사회 질서나 생활 태도, 살아가는 방법 등을 가르쳐주고 우리를 보호해주는 선생님은 부모님과 같은 존재이기도 하다. 선생님은 우리가 가장 존경하고 닮고 싶은 어른이다.

선생님에게 고마운 마음과 존경심을 가지고 있기 때문일까. 선생님은 모든 사람에게 감사와 존경을 받는 직업이라는 생각도 든다. 직장에서 일을 하는 동안 존경을 받는다는 사실은 직업으로서 무척 매력적이다. 다른 사람이 모르는 것을 알려주고, 사람을 성장시키는 일은 분명 보람 있는 일이다. 편안하고 안정적인 직업이라는 인식과 여유 있는 휴가, 보장된 노후 등도 선생님이 좋은 직업이라고 생각하는 이유이다. 그밖에도 이른 퇴근 시간, 방학, 긴 육아휴직, 퇴직 후 연금 등 선생님을 추천할 이유는 많고도 많다.

하지만 선생님은 마냥 편안한 직업일까? 마음 편하게 존경과 사랑만 받는다면 좋겠지만, 사실 선생님의 하루는 우아한 백조의 발처럼 분주하다.

어떠한 지식이든 남을 가르치는 일은 쉽지 않다. 선생님을 분주하게 만드는 가장 큰 문제는 누군가를 가르치기 위해서는 열심히 공부해야 한다는 사실이다. 잘 모르면서 가르칠 수는 없는 노릇이고, 잘 가르치려면 전문가가 되어야 하기 때문이다. 어른이 되고 나면 공부할 일이 없다고 생각할지도 모르지만, 수업 연구·교과 연구·교원 연수 등 선생님의 배움은 끝이 없다.

학생들을 효과적으로 가르칠 방법도 찾아야 한다. 그러기 위해서 교수법·심리학·교육학·사회학·시사·상식 등을 공부한다. 그런 다음에는 어떻게 수업을 진행할 것인지 수업 개요를 짠다. 수업을 하려면 일종의 대본이 필요하다. 교실은 마치 무대와 같다. 연극을 하기 위해 대본을 쓰고 이를 바탕으로 무대를 꾸미듯, 수업에도 무대가 있고 이 무대를 채우기 위한 자료가 필요하다. 속도를 적절히 조절하고, 이해가 더 빠른 학생과 더딘 학생을 아우르며 모두가 흥미를 느낄 수 있도록 수업을 꾸려나가는 것도 여간 어려운 일이 아니다. 더불어 학부모나 학생과 상담을 하거나 수업 외 잡무를 처리하는 것도 선생님의 몫이다.

선생님에 대한 사람들의 인식도 점점 바뀌고 있다. '선생'은 본래 학식과 덕망이 높아 존경할 만한 사람을 뜻했다. 그런데 현대 사회에서는 정신적 가치보다 물질적 가치가 중요해졌다. 이로 인해 선생님은 지식과 기술을 전수하는 사람이라는 직업적 의미가 커진 것이다. 예전에는 선생님에 대한 존경심으로 "선생님의 그림자조차 밟지 않는다"는 말이 있었지만, 이제는 학생이나 학부모 누구도 무조건적으로 선생님을 따르지 않는다.

선생님이 단순히 지식과 기술만을 가르쳐주는 사람이라면, 미래에는 로봇이 선생님의 역할을 대신할 수도 있지 않을까? 로봇이라면 수업 내용을 깔끔하게 정리하고 관련된 동영상이나 자료까지 바로바로 보여줄 수 있을 것이다. 인간이 할 수 없는 다채로운 퍼포먼스도 가능할 테니 지금보다 수업이 훨씬 재미있어질 것이다. 프로그래밍한 대로 가르치면 수업은 체계적일 테고, 로봇은 화가 나거나 실망하지 않으니 항상 상냥할 것이다.

그러나 지식을 전달하기만 하는 것이 진정한 교육일까? 오늘날 교육은 '전인교육'을 기본으로 한다. 전인교육은 '한 사람을 온전한 사람으로 만든다'는 교육관이다. 한 사람이 온전히 성장하려면 지식만 습득해서는 안 된다. 과학을 배우면 예술을 느껴야 하고, 수학을 배우면 문학을 즐길 수 있어야 한다. 암기과목만 달달 외울 것이 아니라 따뜻한 인류애를 함께 배워야 한다. 이러한 교육관은 날로 각박해지는 미래 사회에서 더욱 중요해질 것이다.

마음을 헤아리는 일은 사람만이 할 수 있다. 사람 사이의 관계는 복잡한 감정들이 얽혀 끈끈해진다. 그리고 교육은 부대끼는 사람들 사이에서 이뤄진다. 사람들 사이의 부대낌 없이 이뤄지는 교육은 정보의 습득에 불과하다. 더구나 현대 사회는 불안, 초조, 소외, 고독, 불만, 반항 등의 심리 문제들이 점점 커지고 있다. 특히 이러한 어려움을 겪고 있는 청소년들을 다독이고 도와주는 일도 선생님이 하는 역할이다. 사람이 사람에게 마음 쓰는 일을 로봇은 할 수 없기 때문이다. 감정이 없는 로봇과 학생이 끈끈한 애정과 믿음의 관계를 만들 수는 없을 것이다. 제2의 부모로서의 역할도 로봇에게는 기대할 수 없다. 남보다 먼저 몸소 실천하는 본보기의 역할도 사람만이 할 수 있다.

교단에 선 선생님의 얼굴은 반짝반짝 빛난다. 학생들은 모두 선생님을 주목하고, 선생님의 말씀 한마디 손짓 하나까지 놓치지 않으려 노력한다. 선생님이 하는 일은 그저 지식이나 기술을 전수하는 것이 아니다. 선생님의 말씀 한마디에 한 사람의 인생이 달라지기도 한다.

선생님이라는 직업은 다른 사람들에게 선한 영향력을 끼치며 살 수 있다는 사실만으로도 충분히 매력적이다. 수업 시간이 아닐 때도 '어려운 내용을 어떻게 쉽게 전달할 수 있을까?', '무엇을 가르치는 것이 좋을까?' 하며 꾸준히 연구하는 건 학생을 사랑하는 마음이 있어야만 할 수 있는 일이다.

한 고등학교 생물 선생님의 남편은 이름만 대면 누구나 아는 대기업 회장님이었다. 그런데도 그 선생님은 매일 아침 출근을 하고 학생들을 가르쳤다. 선생님은 왜 학교에서 일을 했을까? 돈을 벌어야 할 이유도 없었고, 학교에 출근하지 않으면 그 시간 동안 할 수 있는 다른 일도 많았을 텐데……. 아마도 선생님은 그 시간에 다른 일을 하는 것보다 학교에서 학생들을 가르치는 게 더 행복했을 것이다. 누군가를 가르치면서 자신의 인생을 가장 보람있게 보내고 싶었을 것이다.

간혹 비뚤어진 학생들이 선생님을 만나 올바른 인생을 살게 되는 경우를 보게 된다. 올바른 인생을 살아갈 때에야 비로소 인생의 참 행복을 느낄 수 있다는 점을 생각하면, 우리에게 선생님이 얼마나 큰 존재인지 알 수 있다. 학생들의 면면을 파악하고 좋은 상담사이자 인생의 멘토를 자처하는 선생님이 없었다면 우리는 과연 어떤 인생을 살고 있을까?

이 책이 선생님이 되고자 하는 여러분에게 작은 도움이 되기를 바란다.

theD마스터플랜연구소

차례

프롤로그 나는 왜 선생님이 되고 싶을까? _ 4

1장 선생님은 어떤 직업이지?

선생님은 누구인가? _ 14
선생님은 무슨 일을 하지? _ 23
어떤 선생님이 있을까? _ 34
선생님의 직업 특징과 요구 능력 _ 44
▲ 마스터플랜GOGO: 영화, 소설, 역사 속 선생님들 _ 54

2장 선생님이 되기까지

선생님이 되는 길 _ 62
교육대학교(초등학교 선생님) _ 68
사범대학교(중·고등학교 선생님) _ 75
교육대학원(중·고등학교 선생님) _ 84
교직이수(중·고등학교 선생님) _ 90
▲ 마스터플랜GOGO: 재미로 보는 선생님 적성 테스트 _ 94

3장 선생님으로 살아간다는 것

선생님의 하루 따라가기 _ 100

교실 밖에서 하는 일 _ 108

인기 있는 선생님이 되고 싶다고? _ 115

선생님의 좋은 점과 힘든 점 _ 122

▲ 마스터플랜GOGO: 인터뷰, 선생님을 만나다! _ 132

4장 미래를 살아갈 수 있을까?

4차 산업혁명과 선생님 _ 136

아주 현실적인 미래 전망 _ 146

유사직종 탐색 _ 154

직업을 통해 얻을 수 있는 가치 _ 160

▲ 마스터플랜GOGO: 선생님이 된 나를 만나다 _ 168

1장
선생님은
어떤 직업이지?

선생님은
누구인가?

우리가 몰랐던 선생님

선생님은 무엇을 하는 사람일까? 누구나 쉽게 짐작할 수 있듯, 선생님은 학생을 가르치는 사람이다. 우리에게 무척 친숙한 직업이기도 하다. 우리는 기저귀를 떼기 전부터 선생님을 만나 유치원, 초등학교, 중학교, 고등학교 그리고 대학(교)과 대학원에 이르기까지 하루의 대부분을 선생님과 보낸다. 학교를 모두 졸업하고 성인이 되어도 어학 등 자기계발을 하거나 그림이나 음악 등 취미활동을 하면서 선생님을 만난다. 선생님은 우리가 인생에서 가장 많은 시간을 함께하는 사람이다.

우리는 선생님에 대해 얼마나 알고 있을까? 선생님의 종류가 얼마나 많은지, 선생님마다 업무가 어떻게 다른지, 선생님이 되기 위해 어떻게 해야 하고 어떤 공부를 해야 하는지 알고 있는 학생은 많지 않다.

'선생님은 그냥…… 선생님 아니야?'

아마도 여러분은 이렇게 생각할지도 모른다. 그런데 어떤 학생을 가르치는지, 어디에서 가르치는지, 어떤 것을 가르치는지에 따라 선생님은 모두 다르다.

많은 선생님 가운데 '학교에서 학생을 가르치는 사람'은 '교원'이라고 부른다. 교원은 크게 초·중·고등학교에서 일하는 교사와 대학(교)에서 일하는 교수로 나눌 수 있다. 교사가 되기 위해서는 교원자격증이 필요하고, 교수가 되기 위해서는 각 학교에서 원하는 자격을 갖춰야 한다.

교원 외에도 여러 선생님이 있다. 유치원 선생님, 방과후 수업 선생님, 외국어 선생님, 학원(과목별) 선생님, 예체능 선생님, 외국인에게 한국어를 가르치는 한국어 선생님 등이 있다. 모두 각 분야에 따라 자격증이나 경력, 실적 등 그에 맞는 자격을 갖추어야 선생님으로서 활동할 수 있다.

학교와 선생님

학교의 범위는 법에서 정하고 있다. 법적으로는 '초·중등교육법'과 '고등교육법'에 적혀 있는 학교만이 학교로 인정받는다. 잠깐 나열하자면, '초·중등교육법' 제2조에 적힌 초등학교·공민학교, 중학교·고등공민학교, 고등학교·고등기술학교, 특수학교, 각종학교와, '고등교육법' 제2조에 적힌 대학, 산업대학, 교육대학, 전문학교, 방송대학·통신대학 및 방송통신대학, 초기술대학, 각종학교가 법에서 정한 학교의 범위다. 학교는 나라에서 만들고 운영하지만 개인이 설립하더라도 나라의 인가를 받아야 정식 학교로 인정받을 수 있다.

우리가 선생님이라는 단어에서 보통 떠올리는 '학교에서 가르치는 교사'는 법률 용어로 '교원'이라고 한다. 교원은 어떤 학교에서 무슨 일을 하는지에 따라 교장·원장, 교감·원감, 교사, 준교사, 보건교사, 교수, 조교수, 강사 등으로 나뉜다. 교장·교감·교사는 유치원·초등학교·중학교·고등학교·기술학교·고등기술학교·공민학교·고등공민학교·특수학교 등에서 일하고, 총장·부총장·학장·교수·부교수·조교수·강사·조교 등은 대학(교)에서, 원장·원감·교사 등은 유치원에서 일한다.

교원은 교육 공무원과 비슷하기도 하고 다르기도 하다. 교원과 교육 공무원은 학생을 직접적으로 가르치는지에 따라 나뉜다. 학생을 가르치는 사람은 교원이고, 공무원 신분으로 교육 관련 분야에 있는 사람은 교육 공무원이다.

예를 들어 대학 강사, 사립학교 선생님 등은 학교에서 학생을 가르치는 일을 하므로 교원이다. 하지만 이들은 교육 공무원이 아니다. 교원이 모두 국가 공무원은 아니라는 뜻이다. 그렇다면 교육 전문 직원인 장학사, 장학관, 교육연구사, 교육연구관, 대학 조교 등은 교육 공무원일까, 교원일까? 이들은 학교에서 학생을 직접적으로 가르치지 않기 때문에 교원이 아니다. 하지만 교육 계통에서 일하는 공무원이므로 교육 공무원이다.

학교 행정실에는 교육행정직 공무원과 교육공무직원도 있다. 이들은 학교에 있으니 교원일까? 정답은 교원이 아니다. 직접 수업을 하거나 교육에 관여하지 않기 때문이다. 이들은 직원에 해당한다. 학교에서 일하는 사람들을 통틀어 '교직원'이라 일컫는 것은 학교에서 교원과 직원이 함께 일하고 있기 때문이다.

역사 속 선생님

'교원'이라는 단어가 생긴 지는 얼마 되지 않는다. 선생님은 시대에 따라 조금씩 다르게 불렸다. 백제에는 오경박사, 통일신라에는 국학박사·조교 등이 있었는데, 이들의 역할이 지금의 교원과 같았다. 고구려 때는 태학에 태학박사가 있었고, 신라 때는 국학에 경이 있었다. 그 밑에 박사, 조교, 대사, 사 등의 관직이 있었는데, 이때의 '사'는 '스승'

이라는 뜻을 가지고 있었다.

고려 때는 나라에서 운영하는 교육기관으로 국자감이 있었다. 국자감에는 국자, 태학, 사문, 서학, 산학, 상서형부 등을 설치해 부문별로 교육했다. 그리고 각 부문에 율학박사와 조교를 두어 교육을 담당하게 했다. 율학박사와 조교를 학생들은 스승, 선생이라 불렀다.

조선에도 나라에서 운영하는 학교가 있었다. 성균관, 학당, 향교 등이었다. 성균관에는 관지사, 동지사, 대사성, 사성, 사예, 직강, 전적, 박사, 학정, 학록, 학유 등이, 학당에는 이 가운데 박사 이하의 직명을 가진 사람들이, 향교에는 교수, 훈도 등이 있었다. 사학인 서원에는 원장, 원이, 강장, 훈장, 제장 등이, 서당에는 훈장이 있었다. 어려운 단어가 많지만 서당이나 훈장 같은 단어들은 우리에게도 익숙하다. 서당은 지금으로 말하자면 학교이고, 훈장님은 선생님이다.

학교 시스템이 지금과 비슷해진 건 조선 말기이다. 이때 교육체제가 개편되면서 성균관에 관장, 교수, 직원 등이 생겼다. 갑오개혁 이듬해인 1985년(고종 32년)에는 '교원'이라는 명칭이 사용되고 '소학교령'도 공포되었다.

소학교는 지금의 초등학교인데, 당시 나라에서 전국에 초등학교를 많이 만들기 시작했다. 초등학교가 많아지니 초등학교 선생님도 많이 필요했다. 그래서 설립된 것이 한성사범학교이다. 한성사범학교를 졸업하면 초등학교 선생님이 될 수 있었다.

한성사범학교에는 서구의 교육 시스템을 적용했다. 현대의 교육 시스템이 자리 잡기 시작한 건 이때부터다. 훈장을 두는 대신 학교장, 교관, 부교관, 교원을 두어 옛 교육 시스템에서 멀어지기 시작했다. 이때 교관은 학생의 교육을 담당하고 부교관은 보조 역할을 했다.

그렇다면 교원이 지금처럼 선생님을 대표하는 단어가 된건 언제부터일까? 광복 후 1949년 12월 31일 교육법이 공포되었는데, 여기에 선생님이 교원으로 정의되어 있다.

"교원이라 함은 각 학교에서 원아 학생을 직접 지도교육하는 자를 말한다."(1949년 교육법 제73조)

1949년 교육법에 의해 학교장도 교원에 포함되었고, 교원과 사무직원이 학교의 주된 2대 인적 구성원이 되었다. 유치원·초등학교·중학교·고등학교·사범학교·기술학교·고등기술학교·공민학교·고등공민학교 등의 선생을 교사로, 사범대학과 대학(교)의 선생을 교수로 지칭하게 된 것도 이때부터다.(교육법 제75조)

이러한 맥락에서 볼 때 '선생님'이나 '스승'은 가르침을 베푼 사람에 대한 존경의 뜻을 띠고 있고, 교사는 '가르친다'는 역할에 초점을 둔 말이며, 교원은 선생님을 법적이고 공식적으로 부르는 말이라는 것을 알 수 있다.

선생님이 되기 위한 자격

예전에는 학식과 덕망을 갖추면 선생님이 되었다. 그런데 요즘은 학식이 있는 것만으로는 교원이 될 수 없다. 교원이 되기 위해서는 특별한 자격이 필요하다.

교원이 되기 위해 제도적으로 필요한 자격은 크게 두 가지로 나눌 수 있다. 국가가 인정하는 교원자격증과 각 기관의 고용기준에 맞는 자격이다.

유치원, 초등학교, 중학교, 고등학교, 기술학교, 고등기술학교, 공민학교, 고등공민학교 및 각종 학교의 모든 교원(교장, 교감, 교사, 원장, 원감)은 교원자격증이 있어야 한다. 반면 총장, 부총장, 학장, 교수, 부교수, 조교수, 전임강사 등은 교원자격증이 필요 없다.

교원자격증은 정교사(1급·2급), 준교사, 전문상담교사(1급·2급), 사서교사(1급·2급), 실기교사, 보건교사(1급·2급), 영양교사(1급·2급), 교장·원장, 교감·원감 등에 따라 그 종류가 자세하고 다양하다. 또한 중·고등학교와 이에 준하는 각급 학교 교과별 교사 자격의 종류도 교원자격검정령에 따라 존재한다. 그러니 선생님이 되고 싶다면 과목과 학생을 구체적으로 설정해야 한다. 목표가 정확해야 효율적으로 준비할 수 있다.

교원자격증이 필요한 경우, 교육대학교, 교육대학원, 사범대 등을 졸업하고 교원이수를 하면 정교사 2급 자격증을 받을 수 있다. 정교사 2급 자격증이 있으면 사립학교에서 선생님을 할 수 있다. 국공립학교에서 일하고 싶다면 나라에서 주관하는 임용고시를 봐야 한다.

대학교수는 대학에서 요구하는 자격 조건에 맞아야 학생들을 가르칠 수 있다. 교수가 되기 위해서는 반드시 박사 학위가 필요하다. 학위 외에도 무엇을 가르칠 것인지에 따라 경력, 수상 실적, 저서 등 분야에 따라 그에 맞는 자격을 갖추어야 한다.

교원 외에도 다양한 선생님이 있고 그 종류는 헤아릴 수 없이 많지만 모두 각 분야에서 그에 맞는 자격을 갖추어야 선생님으로서 활동할 수 있다. 분야별 선생님 자격증, 경력이나 실적이 필요하기도 하다.

단, 법적으로 필요하지 않아도 선생님에게 반드시 갖추어야 할 자격이 있다. 때때로 선생님이 학생을 학대했다는 이야기가 보도되고는 한다. 가해 선생은 아이가 문제 행동을 해서 훈육을 했다고 핑계를 댄다. 이런 보도를 접하면 '과연 선생님으로서 자신의 위치와 역할을 제대로 이해하고 있는 걸까?', '학생들을 사랑하는 마음을 바탕으로 일하고 있는 걸까?' 하는 의문이 든다.

"선생님 자격이 없어."

이런 뉴스를 본 사람들은 종종 선생님의 자격에 대해 이야기하고는 한다. 이때 말하는 선생님의 자격은 자격증이 아닐 터이다. 자격증이나 기관에서 요하는 자격보다 중요한 자격, 바로 '선생님으로서의 자질'이다. 선생님에게는 투철한 교육신념, 풍부한 지식, 교육기술은 물론이고 훌륭한 인격과 덕망이 있어야 한다. 여기에 학생을 아끼고 사랑하는 마음과 책임감은 선택이 아닌 필수사항이다.

나이가 어려서 무슨 일이 일어나도 보호자에게 전달을 잘 못 하거나 보호자가 없는 경우, 선생님은 보호자가 되어 아이를 보호해줘야 한다. 말이든 행동이든 선생님에게 받은 폭력이나 부당한 대우, 존중받지 못하는 상황들은 한 사람에게 평생 잊지 못할 큰 상처를 남긴다. 그렇기에 선생님은 반드시 선생님으로서의 자질을 갖추어야 한다.

선생님은
무슨 일을 하지?

선생님이 하는 일

선생님 중에 학교에서 학생을 가르치는 사람은 '교원'이라고 부른다. 교원이 하는 일은 법으로 정해져 있다. 교원은 어느 학교에서 학생을 가르치는지에 따라 초·중·고등학교에서 가르치면 교사, 대학(교)에서 가르치면 교수라고 부른다. 초·중·고등학교 선생님은 '초·중등교육법'에, 대학 교수는 '고등교육법'에 어떤 일을 해야 하는지 설명되어 있다.

초·중등교육법 제20조에 따라 초·중·고등학교 선생님은 다음과 같은 일을 한다.

❶ 교장·원장은 교무·원무를 통할하고, 소속 교직원을 지도·감독하며, 학생·원아를 교육한다.

❷ 교감·원감은 교장·원장을 보좌하여 교무·원무를 관리하고 학생·원아를 교육하며, 교장 또는 원장이 부득이한 사유로 직무를 수행할 수 없는 때에는 그 직무를 대행한다.

❸ 교사는 법령이 정하는 바에 따라 학생·원아를 교육한다.

❹ 행정직원 등 직원은 교장·원장의 명을 받아 학교의 행정사무와 기타의 사무를 담당한다.

'고등교육법' 제15조에는 대학(교) 교직원이 해야 하는 일에 대해 다음과 같이 쓰여 있다.

❶ 총장·학장은 교무를 통할하고, 소속 교직원을 감독하며, 학생을 지도한다.

❷ 교원은 학생을 교육 지도하고 학문을 연구하되 학문연구단을 전담할 수 있다.

❸ 행정직원 등 직원은 학교의 행정사무와 기타의 사무를 담당한다.

❹ 조교는 교육 연구 및 학사에 관한 사무를 보조한다.

법으로 정해져 있듯이 교장 선생님이든 교감 선생님이든 교사든 선생님의 주 업무는 '교육'이다. 원장·원감에게도 교육의 업무가 있고, 총장·학장에게도 교육의 업무가 있다.

교원 외의 선생님 역시 가장 중요한 업무는 학생을 가르

치는 일이다. 교육 외의 업무는 교육을 잘하기 위해서 해야
하는 일들이다. 그렇다면 선생님이 학생을 가르치는 일은
어떻게 이뤄지며, 교육을 잘하기 위해 반드시 해야 할 일들
은 어떤 것이 있을까?

교실에서 가르치는 일

학생을 가르치는 장소를 교실이라고 부른다. 교실은 또
하나의 가정과 같다. 교실에 모인 구성원은 기쁨과 슬픔을
함께 나눈다. 교실 구성원은 선생님을 믿고 따르며, 선생님
은 학생들을 자녀처럼 돌본다.

교실에서 수업이 시작하는 것은 마치 뮤지컬이나 한 편
의 연극이 시작되는 것과 같다. 선생님은 대본을 짜듯 수업
구성안을 만든다. 무엇을 가르칠 것인지 큰 주제를 잡고,
세부적으로 가르칠 사항들을 정리한다. 설명할 내용, 자료
를 활용할 부분, 학생들이 참여할 부분, 과제 등 어떻게 진
행하면 수업이 더욱 흥미로울지 고민하고 상상하며 수업안
을 작성한다.

흥미로운 수업은 수업 도입부에서 공부할 내용에 대한
흥미를 유발하고, 수업 시작, 본격적인 설명, 학생들 참여,
간단명료하게 정리한 마무리, 다음 수업 예고 등으로 구성
된다. 중간중간 재미를 더하고 시각이나 청각 자료를 활용

하면 학생들을 이해시키는 데 도움이 된다.

물론 수업을 아무리 열심히 준비해도 수업 내용이 학생들에게 잘 전달되지 않으면 소용없다. 학생들 앞에서 수업하는 일은 발표를 하는 것과 같다. 그렇다면 발표를 잘해야 한다. 발표를 잘하려면 어떻게 해야 할까? 우선은 무슨 말을 할 것인지 요점을 생각해야 한다. 말의 순서와 흐름을 생각하며 설명을 이어나가야 한다. 적절한 목소리 크기, 높낮이, 억양, 속도도 중요하다. 학생들의 반응을 주의 깊게 살피며 잘 전달되지 못한 부분은 보충하여 설명하기도 하고, 지루한 부분은 재미있게 이야기를 덧붙인다. 학생들이 공감할 수 있는 에피소드를 넣어 기억에 오래 남게 하는 것도 요령이다. 수업은 학생이 흥미를 느낄 수 있게 이끌어나가야 한다.

평소 사람들 앞에 서는 일이 두렵다면 학생들 앞에 서기가 어려울 수 있다. 학생들 앞에서 주눅 들지 않고 당당하게 수업하려면 지금부터 친구들 앞에서 발표하는 연습을 하면 좋다. 다음 몇 가지를 기억해두었다가 연습할 때 활용해보자.

❶ 바른 자세로 서서 말한다. 너무 떨릴 때는 친구들 앞에 서기 전에 자기만의 주문을 속으로 외워본다.

❷ 미소 띤 표정을 유지한다.

❸ 발표하는 동안 친구들과 눈을 마주친다.

❹ 말의 순서와 흐름을 생각하며 조리 있게 설명하도록 노력한다.

❺ 발표하면서 중간중간 친구들에게 질문을 던져본다.

때때로 졸거나 딴짓을 하는 친구도 있을 테지만 초롱초롱한 눈빛 하나만 있어도 배우가 관객의 우레와 같은 박수를 받은 것처럼 에너지가 충전될 것이다. 짓궂은 질문을 하거나 한숨만 푹푹 쉬는 친구가 있을 수도 있다. 자기들끼리 수다를 떨거나 아예 엎드려 자는 친구도 있다. 어떤 친구는 설명을 영 이해하지 못해 꽤 많은 시간을 들여야 할지도 모른다. 잊지 말자. 누군가를 가르치기 위해서는 적당한 카리스마와 온화함, 사랑이 필수다. '참을 인(忍)'이라는 글자를 가슴에 품고 사는 사람들이 바로 선생님이다.

가르친다는 것은

누군가를 가르치기 위해서는 학생보다 먼저 공부를 해야 한다. 무엇을 가르치든 그것에 대해 누구보다 잘 알아야 한다. 아무것도 모르면서 무턱대고 가르칠 수는 없다. 게다가 대충 알아서도 안 된다. 완벽히 알아야 상대방에게 쉽게 설명해줄 수 있는 법이다. 수업을 듣는 학생은 궁금한 점이 생기기 마련이므로, 학생이 질문을 했을 때 제대로 알고 있어야 올바르게 답변할 수 있다. 그러니 그 무엇을 가르치든지 선생님이라면 전문가가 되어야 한다.

전문가가 되는 길은 멀고도 험난하다. 끊임없이 배우고 공부하고 숙달해야 한다. 학생은 교재를 한 번 읽고 끝낼 수 있지만, 선생님은 몇 번을 반복해 읽으며 깊이 있게 연구하고 탐구해야 한다. 더 중요한 부분과 덜 중요한 부분도 가려내야 하고, 학생이 이해하기 어려운 부분이 어디일지도 생각해봐야 한다. 학생의 이해를 돕기 위해 더 알려줘야 하고, 때로는 교재에 없는 정보들을 찾아 추가로 자료를 준비해야 한다.

선생님이 연구할 것은 교재만이 아니다. 선생님은 수업 방법과 수업을 듣는 학생에 대해서도 연구해야 한다. 어떻게 설명해야 할지 방향을 정하려면 학생에 대해서도 잘 알아야 한다. 학생이 한국 사람인지 외국 사람인지, 나이가 몇인지, 생활환경은 어떤지, 고민이 무엇인지, 친구들과의 관계에서 문제는 없는지……. 선생님이라면 학생에 대해 엄청난 관심을 가져야 한다. 이는 학생을 보살펴야 하는 역할뿐만 아니라, 좋은 수업을 제공하기 위해서이기도 하다. 학생들의 이해도에 따라 설명을 달리해야 하기 때문이다.

길을 가는데 낯선 사람이 길을 물었다고 생각해보자.

"이 주변에서 가장 큰 마트는 어떻게 가야 하나요?"

상대방이 초등학생이라고 상상하며 길을 설명해보자. 그리고 상대방이 할머니라고 상상하면서도 길을 설명해보자. 마지막으로 상대방이 대학생이라고 상상하며 설명해보자. 어떤가? 설명할 때 사용한 단어나 방식이 모두 같았는가? 아니면 달랐는가?

가령 학생이 얼마 전까지 캘리포니아에서 살다 왔다면 설명을 할 때 그 지역과 친숙한 것들을 예로 들 수가 있다. 학생이 조부모와 함께 살고 있다면 할머니, 할아버지와의 일화를 예로 들어줄 수 있다. 부모님이 일본 사람인 학생이 있다면 역사 수업을 하면서 필요 이상으로 일본인을 비난하지 않을 것이다. 이처럼 학생에 대해 잘 알면 학생이 이해하기 쉬운 방법으로 보다 잘 설명할 수 있다.

선생님은 공부하는 직업

'교육기본법'에는 "선생님에게는 교육자로서 갖추어야 할 품성과 자질향상을 위해 노력해야 할 의무가 있다"라고 적혀 있다. 그리고 "그에 따른 연수의 장을 마련해야 한다"라고 쓰여 있다. 선생님은 더 나은 교육을 위해 연구·수양해야 하고, 주기적으로 연수를 가서 공부하고 와야 한다는 말이다.

선생님은 교육연수장에서 교육을 받으며 선생님으로서 필요한 지식과 기술을 배운다. 연수는 기관 중심으로도 하고, 학교 중심으로도 한다. 기관 중심 연수는 임용, 일반, 자격, 직무연수가 있고, 학교 중심 연수는 자체연수가 있다. 이 외에도 선생님이 집에서 개인적으로 연수를 하는 경우도 있는데, 이는 자율연수라고 한다. 또 교육의 이론 및 방법 등에 관한 일반적 교양을 높이기 위한 일반연수, 교원의 자격을 취득하기 위한 자격연수, 직무수행과 직장 적응에 필요한 능력·자질 배양 등을 위한 직무연수 등 연수의 종류는 다양하다.

'무슨 연수의 종류가 이렇게 많아? 이걸 다 받아야 한단 말이야?' 하는 생각이 들지도 모른다. 그런데 정말 이 많은 연수를 다 받아야 한다. 그리고 연수의 종류가 이토록 다양하고 연수의 내용이 어려운 데에는 이유가 있다. 교육연수를 받는 게 힘들기는 해도 선생님은 이를 통해 연구의 기회를 균등하게 보장받을 수 있다. 학생을 가르치는 데 도움이 되며, 꼭 필요한 일이다. 그렇기 때문에 의무적으로 꼭 받아야 하는 연수가 아니더라도 학교에서 전문가를 초빙해 심폐소생술, 성교육 등 다양한 교육을 따로 받는다.

선생님들은 "학교나 국가에서 해주는 연수를 받는 것이

좋다"라고 입을 모은다. 학생들을 더 잘 가르치기 위한 연구를 끊임없이 하는 선생님답다. 선생님들은 국가는 물론 학교에서 진행하는 연수에도 참여를 잘하고, 스스로 필요한 분야를 찾아 적극적으로 공부한다.

수업 외에 어떤 일을 할까?

선생님이 가르치는 것은 지식이나 기술만이 아니다. 선생님은 예절과 윤리, 삶을 대하는 태도, 가치관, 올바른 습관 등도 가르친다. 선생님은 한 사람의 인생을 만들어나가는 막중한 책임을 지고 있다. 선생님의 말 한마디에 한 사람의 인생이 바뀌기도 하기 때문이다.

한 아이가 있었다. 할머니와 둘이 살고 있었는데, 집안 사정이 좋지 않았고 성적도 좋지 않았다. 갸름하고 하얀 얼굴에 눈이 커서 꽤 예뻤는데, 내성적인 성격 탓인지 친구가 없어서 항상 오도카니 혼자 앉아 있고는 했다.

어느 날 수학 시간이었다. 선생님께서 아이들에게 각자 문제를 풀라고 했다. 조용한 가운데 사각사각 연필 소리만 들리고 선생님께서는 아이들 사이로 걸어 다녔다. 선생님은 걸음을 멈추고 그 아이 옆에 한참을 서 계셨다. 아이를 지긋이 바라보던 선생님께서 이렇게 말씀하셨다.

"나연이는 수학과에 가면 좋겠구나."

나지막한 선생님의 목소리에 아이의 얼굴이 발그레해졌다. 선생님은 왜 그런 말씀을 하셨을까? 20년 뒤, 아이는 실제로 수학 선생님이 되었다. 현재 고등학교에서 수학을 가르치고 있다. 선생님이 된 아이는 그날을 기억하며 이렇게 말했다.

"저는 그날 제가 수학을 좋아한다는 사실을 처음 알았어요. 그러고 나서 고등학교 3학년 때 대학교 입학 원서를 내는데, 미래에 어떤 직업을 결정해야 한다고 생각하니 중학교 때 선생님 말씀이 생각나는 거예요. 그래서 지금 이렇게 수학 선생님이 되었어요."

선생님의 말 한마디로 학생의 인생이 바뀐 것이다. 이렇게 학생에게 든든한 버팀목이자 길잡이가 되어주는 일은 선생님의 아주 중요한 역할이다. 학생에게 깊은 애정과 관심을 갖고 면밀히 관찰해야 함은 기본이다.

학생·보호자와도 긴밀히 소통해야 한다. 학교생활, 가정생활, 교우관계 등에 대해 상담을 하며 문제를 해결해나가야 한다. 상담이 잘 진행되면 학생의 태도가 변하고 학습이 향상되므로 선생님은 때에 따라 수업보다 상담에 더 공을 들이기도 한다. 학생에게는 선생님이 지지자이자 인생의 멘토라는 사실을 잊지 말아야 한다.

항상 학생에게 모범이 되어야 하며 삶의 본보기가 되어

야 하는 것도 선생님의 일이다. 선생님은 단순한 직업이 아니다. 따라서 실제 삶 속에서도 본보기가 되어야 한다. 막중한 책임감을 가지고 올바른 삶을 살아야 한다. 선생님은 예로부터 사회의 선구자 역할을 해왔다. 미래 사회가 다가올수록 상담자이자 선구자로서의 역할은 선생님의 가장 중요한 일이 되고 있다.

이외에도 학생의 진학, 출결 사항 관리, 생활기록부 관리, 학교 교육과정의 편성 및 운영, 교직원 회의, 학부모에게 보내는 가정통신문 작성 등의 교무업무도 선생님의 일이다. 언뜻 수업과 관련이 없을 것 같지만 이러한 교무업무가 꼼꼼하고 깔끔하게 이뤄질 때 수업의 질도 높아진다.

교무업무는 담임 선생님과 비담임 선생님이 맡은 일의 경중을 따져 중요 업무를 인사위원회와 선생님이 함께 의논하여 구성한다. 대부분의 학교는 일반 회사들처럼 부서가 나뉘어 있다. 대체로 교무부, 생활교육부, 문화복지부, 상담복지부 등 매우 다양하게 나뉘어 있다. 선생님은 수업 외에도 각 부서에 속해 부서에서 맡은 업무를 처리한다.

어떤 선생님이
있을까?

초·중·고 선생님이 되려면

초·중·고등학교 선생님은 '선생님'이라고 했을 때 가장 먼저 떠오르는 바로 그 선생님이다. 지식만을 전달하는 것이 아닌 한 사람의 인격을 형성하는 아주 중요한 역할을 하고 있기에 전인교육의 관점에서 봤을 때 가장 대표적인 선생님이라고 할 수 있다. 청소년기에는 아침에 일어나자마자 학교에 가서 수업을 마치고 학원으로 갔다가 잠이 들 시간에 집에 들어오기 때문에 부모님보다 선생님과 보내는 시간이 더 길다. 이 시기에는 선생님으로부터 가장 큰 영향을 받는다. 보호자로서 청소년을 보호하고 선도하는 만큼 제2의 부모님이라고 할 수 있다.

초·중·고등학교 선생님이 하는 일은 사립·공립, 일반학교·특수학교 등 학교의 구분과 상관없이 모두 같다. 가장 중요한 업무는 교육과 학생·학부모 상담, 학생지도, 부서별로 맡은 교무업무 등이다. 초·중·고등학교에서는 국어·영어·수학 등의 지식, 음악·미술·체육 등의 예체능이나 기술을 가르친다. 초등학교 선생님은 일부를 제외한 전 과목을 가르치고, 중학교와 고등학교 선생님은 과목별로 가르친다.

초·중·고등학교 선생님이 되려면 교육대학교, 교육대학원, 사범대 등을 졸업하거나 일반 대학교에서 교원이수를 하면 된다. 그렇게 하면 정교사 2급 자격증이 나와서 선생님으로 일할 수 있다. 정교사 2급 자격증이 있으면 사립학교에 면접과 시험을 보고 들어가거나, 국가 임용고시에 응시해 국공립학교 선생님이 될 수 있다.

초·중·고등학교는 아이들에게 제2의 가정과 같은 곳이어서 선생님에게도 특별한 일터이다. 아이들과 울고 웃다보면 1년이 후딱 지나고, 직장임에도 일을 하면 할수록 따뜻한 추억이 쌓인다. 선생님이라는 이유로 무작정 좋아해주는 제자들과 졸업 후에도 종종 찾아오는 제자들은 생활의 큰 활력소이다.

보통 출근은 오전 8시이고 퇴근은 오후 4시 30분인데, 야근이 적고 정시에 퇴근하는 편이다. 아이들 방학 때에는 선생님도 방학이다. 방학에는 여행을 가기도 하고 교과 연구를 하기도 한다. 아이를 낳으면 3년 동안 육아휴직도 사용할 수 있다. 현직 선생님들은 "3년이라는 기간을 한 번에 사용하지 않고 나눠서 사용할 수도 있기 때문에 더욱 유용하다"고 말한다. 월급은 호봉제로 근무 연차가 길수록 연봉이 올라가고, 육아휴직 사용 기간도 호봉(급여를 주는 등급)으로 반영된다. 연봉 외에 성과금이나 보너스도 있다.

유치원 선생님이 되려면

환한 미소 뒤로 밝은 빛이 비치는 천사의 이미지가 연상되는 선생님이 있다면 누구일까? 유치원 선생님이다! 유치원 선생님은 누구보다도 아이들을 사랑하는 마음으로 임한다. 현직 선생님들은 "아이들과 함께 있다 보면 맑고 고운 생각만 하게 된다"고 말한다.

유치원은 초등학교 입학 전 아이들을 돌보고 가르치는 일을 한다. 정서와 두뇌가 발달하는 아주 민감한 나이이기 때문에 이 시기 선생님의 역할은 매우 중요하다. 유치원 선생님은 아이들이 창의력을 마음껏 펼치고, 뇌와 감성이 발달할 수 있도록 돕는다. 아기자기하고 예쁜 것, 좋은 것, 정서적으로 도움이 되는 것들을 아이들에게 많이 보여주기 위해 노력하고, 아이들의 오감을 만족시킬 수 있는 다양한 놀잇감과 교육법을 활용하기 때문에 기본적으로 손재주와

아기자기한 성격, 적성 등이 매우 중요하다.

유치원에 다니는 아이들은 태어나서 처음 해보는 게 많고, 몇 번 안 해봐서 익숙하지 않은 것도 많다. 세상을 많이 살아보지 않아 생각의 범위도 좁다. 언어도 유창하지 않다. 어른도 어느 날 갑자기 혼자 낯선 외국에 던져진다면 버스를 타고 내리는 사소한 일상조차 어려움을 느낄 것이다. 세상에 첫발을 내딛은 아이들은 당연히 장난감을 정리하지 못하고, 옷을 스스로 입고 벗지 못하며, 어른의 생각으론 쓸데없어 보이는 고집을 부리기도 하고, 친구들과 다툼이 잦다.

유치원 선생님은 아이들의 특성을 잘 이해하고 아이들의 눈높이에서 교육해야 한다. 특히나 요즘은 유치원을 '유아학교', '처음학교' 등으로 부르면서 학교 교육의 하나라는 인식이 강해지고 있다.

중·고등학교 선생님의 업무에서 '학생 상담'이 큰 비중을 차지하는 것과 달리, 유치원 선생님은 학생을 상담할 일이 적다. 반면에 학부모 상담의 비중이 매우 크며, 매일 학생들의 일상을 주의 깊게 관찰해야 한다. 다채롭게 수업 준비를 해야 해서 준비 시간도 오래 걸린다. 학급을 정리하거나 보기 좋게 꾸미는 것도 선생님의 몫이다.

유치원 선생님 일은 아직 세상의 때가 하나도 묻지 않은 순수함 그 자체인 아이들과 지내는 것만으로도 에너지가 생긴다는 장점이 있다. 고사리 같은 손과 어른 손 한 뼘만 한 다리로 꼬물딱꼬물딱 움직이는 귀여운 아이들을 하루종일 보고 있노라면 절로 미소가 지어진다. 유치원 선생님들은 맑고 고운 아이들과 지내다 보면 오히려 어른들과 있을 때가 어색할 정도라고 한다.

유치원 선생님이 되려면 유아교육과를 졸업해야 한다. 그런데 초·중·고등학교가 사립이나 국공립의 근무 여건이 비슷한 것과 달리, 유치원은 사립과 국공립의 분위기나 학부모를 대하는 태도, 전체적인 분위기, 연봉, 복리후생 등이 매우 다르다. 때문에 졸업 후 진로 선택에 신중할 필요가 있다. 유치원 선생님은 보통 오전 8시에 출근하고 오후 5시에 퇴근한다.

대학(교)·대학원 교수가 되려면

'선생님'을 떠올릴 때 이미지가 달라 간과하기 쉽지만, 대학(교)이나 대학원 교수 역시 교원이다. 교수는 아무래도 고등교육을 마치고 세부 전공을 선택한 성인을 대상으로 교육하는 만큼 조금 더 학술적이고 어려운 내용을 가르치게 된다. 그렇기 때문에 유치원이나 초·중·고등학교 선생님보다 딱딱하고 무겁게 느껴지는 것이 사실이다.

교수가 되기 위한 자격증은 없다. 하지만 그렇다고 해서 쉽게 될 수 있는 것은 아니다. 각 학교의 규정에 맞는 자격을 갖추어야 하기 때문이다. 대부분 학교에서는 박사 이상의 학력이 필요하고 그 외 연구성과, 경력 등을 요구하고 있다. 게다가 전국의 대학(교)·대학원 숫자와 교수의 임기를 생각해보면, 교수가 되는 일은 쉽지 않다.

교수는 사실 다양하게 나뉜다. 정교수·부교수·조교수·겸임교수·명예교수·석좌교수·초빙교수 등 손으로 다 꼽지 못할 정도이다. 교수의 종류가 많은 것은 교수의 임무와 임용 조건이 다양하기 때문이다.

대학교수는 정교수, 부교수 등 '전임교원'과 겸임교수, 초빙교수 등 '비전임교원'이 있다. 이들의 차이는 무엇일까? 우선 전임교원은 정년 트랙과 비정년 트랙으로 구분된다. 정년 트랙 전임교원으로 채용될 경우 조교수, 부교수, 정교수로 승진할 수 있고 정년이 보장된다. 반면 계약교수 등으로 임용되면 승진이 불가능하거나 가능하더라도 직급이 제한적이며 정년이 보장되지 않는다.

대부분 교수는 정년 트랙의 전임교원을 목표로 한다. 그런데 전임교원이 되었다고 해도 학문연구 성과를 내지 못하면 교수로 계속 일하기가 어렵다. 논문, 저서 등을 발간하고 학술대회에 참석하는 것이 의무이다. 요즘에는 학생들이 교수의 수업을 평가하여 점수를 매기기 때문에 수업 준비도 열심히 해야 하고 학생들과 유대관계도 잘 맺어야 한다. 출·퇴근은 비교적 자유롭지만 어떤 직업보다 공부를 많이 해야 한다.

문제는 교수가 되려는 사람은 많은데 전국에 있는 대학의 수가 그보다 적다는 점이다. 자격을 갖추어도 교수가 되기는 상당히 어렵다. 어떤 사람들은 "조교수는 하늘의 별 따기, 정교수는 하늘의 해 따기"라고 한다. 조교수 되기도 대단히 어려운데, 정교수 되기는 더더욱 어렵다는 뜻이다.

대학(원)에 종사하는 교원의 종류

교원 분류	교수 종류	비고
전임교원	정교수, 조교수, 부교수	정년 보장
비전임교원(1)	강의전담교수, 산학협력중점교수, 연구교수 등	
비전임교원(2)	외래교수(시간강사), 겸임교수, 명예교수, 초빙교수, 석좌교수, 명예교수, 기금교수 등	

교원은 아니지만 학교에서 일하는 선생님들

학교 안에는 다양한 선생님들이 있다. 전 과목을 담임 선생님이 가르치는 초등학교에서도 음악·미술·체육 등의 과목은 전문 선생님이 맡는 추세이다. 어떤 학교에서는 정해진 교과 외의 특정 과목을 개설하여 선생님을 모집해 학생에게 양질의 교육을 제공하고자 노력하기도 한다. 새로운 프로그램에 선생님을 고용하는 이유는 근무중인 교원만으로 교육의 질을 높이는 데 한계가 있기 때문이다.

방과후 특기적성을 전문적으로 맡아줄 선생님, 교과 외 과목을 가르쳐줄 선생님, 외국에서 온 학생을 위해 한국어를 가르쳐줄 선생님, 학교 선생님이 육아 등의 이유로 길게 휴직을 하면 그 빈자리를 채워줄 선생님 등 학교에는 여러 선생님이 필요하다.

이렇게 활동하는 선생님은 다른 업무 없이 정해진 과목만 가르친다. 또 아이들을 짧게 만나는 만큼 수업을 더욱 즐겁고 세밀하게 이끌어나갈 수 있다. 학생은 전문적인 선생님으로부터 새로운 것들을 배우니 좋다. 요즘은 학교에서 학생들에게 다양한 체험을 하게 하려는 추세여서 다양한 분야 선생님을 모집하고 있다.

교원 이수를 하지 않은 사람이 뒤늦게 선생님이 되고 싶은 경우에는 어떻게 하면 될까? 국악, 문예창작, 조형예술 등 다양한 전공을 살려 선생님이 될 수 있는 방법이 있으니 각 학교의 모집공고를 눈여겨보는 것이 좋다. 또 선생님 입장에서 근무 시간이 길지 않기 때문에 시간을 자유롭게 활용할 수 있다는 장점도 있다.

학교 바깥에도 선생님이 있다

교육은 공교육과 사교육으로 나눌 수 있다. 우리나라는 사교육이 차지하고 있는 비중이 큰 편이다. 우리나라의 사교육비 지출 비중은 경제협력개발기구(OECD) 회원국 중 가장 높다. 가구별 지출비용 항목에서도 사교육비가 단연 높다. 아장아장 걸을 때 문화센터에서 시작한 사교육은 유아기 예체능을 지나 청소년기 학원과 과외 등으로 이어진다.

우리나라는 전통적으로 지식과 배움을 중요하게 생각하기 때문에 부모는 자녀가 되도록 많은 것을 배우기를 원한다. 유아기에는 미술, 음악, 무용, 체육 등 다양한 예체능을 배우도록 하고, 학교에 입학하면 교과목을 보충하기 위해 사교육을 활용한다. 우리나라 공교육은 평준화되어 있다. 이때 개인에게 부족한 부분을 채워주는 것이 사교육의 역할이다. 공교육의 수업을 따라가기 어려운 학생들은 사교육을 통해 부족한 부분을 보충하고, 학습이 빠른 아이들은 사교육을 통해 학습 욕구를 채울 수 있다. 그밖에도 성인들의 취미활동이나 학습을 위한 사교육 기관도 많다.

선생님의 출·퇴근 시간은 학생에게 맞춰진다. 학생이 가장 집중해서 수업을 들을 수 있는 시간, 공교육이나 회사 업무를 끝낸 뒤 교육에 참여할 수 있는 시간이다. 유아를 대상으로 하는 경우, 아이가 밥을 먹고 나올 수 있는 충분한 여유가 있는 늦은 아침부터 이른 오후까지, 청소년은 방과 후, 직장인은 출근 전 새벽이나 퇴근 후 늦은 저녁 또는 주말, 주부가 대상이라면 아이들이 학교에 간 시간에 수업을 진행한다.

사교육 기관의 선생님은 육아휴직·성과금·보너스·퇴직연금·방학 등이 없고 정부에서 제공해주는 교육연수도 없지만, 개인에 따라 높은 급여를 받을 수 있다. 열심히 일하는 만큼 보수가 높아진다는 것이 이 직업의 장점이다. 인기를 많이 끌어 스타강사가 되는 경우도 있다.

선생님의 직업 특징과
요구 능력

선생님에게 꼭 필요한 능력

한 고등학교 수학 선생님은 카이스트를 나온 수재였다. 선생님은 종이 울리면 오 분이나 십 분쯤 뒤에 교실로 들어갔다. 그러고는 깡마른 등을 꼿꼿이 펴고 뒤돌아서서 뭐라고 뭐라고 웅얼거리며 문제를 풀었다. 웅얼거리는 소리는 분명 문제에 대한 설명이었을 텐데 안타깝게도 교실 중간쯤 앉은 아이들에게 잘 들리지 않았다.

카이스트 수학과를 나온 선생님에게 배우는데도 학생들의 성적은 전반적으로 좋지 않았다. 아니, 성적은 둘째치고 선생님의 설명을 제대로 알아듣는 학생들이 거의 없었다. 학생들에게 무슨 문제라도 있었던 것일까? 그 어떤 천재나 유능한 전문가가 가르쳐도 꼴찌밖에 할 수 없는 바보들이었던 걸까? 그 선생님의 수업을 들은 한 학생의 이야기를 들어보자.

"선생님께서 무슨 말씀을 하시는지 하나도 못 알아듣겠어요."

무엇을 가르치고 무슨 말을 하든 상대방이 이해할 수 있게 말하는 능력, 선생님이라면 갖춰야 할 필수 능력이다. 그렇지만 상대방을 이해시키려면 말만 잘해서는 안 된다. 그 안에는 진솔함, 성실함, 그리고 사랑이 있어야 한다. 말만 잘하는 사람은 사기꾼이다.

사람들 앞에서 설명하는 능력

선생님은 가르치는 사람이다. 그런데 가르치는 일을 말로만 해서는 위험하다. 말로만 가르치고 말만 잘하는 사람을 "입만 살았다"고 한다. 입만 산 사람에게 배우고 싶어 하는 사람은 없고, 입만 산 사람이 좋은 선생님이 되긴 어렵다. 누군가를 가르친다는 건 상대방의 마음속으로 들어가 이해시킨다는 말이다. 잘 가르치려면 제대로 알고 있어야 하고, 상대방의 마음을 헤아려가며 조리 있게 설명해야 한다. 설명을 잘하려면 듣는 사람에게 진솔한 마음을 가져야 한다.

가장 중요한 건 정말로 알고 있는가이다. 정말 알고 있어야만 듣는 사람이 알아듣기 쉽게 설명할 수 있기 때문이다.

설명하는 사람이 잘 모르면 쉽게 설명할 수가 없다. 듣는 사람도 무엇을 설명하는지 알아들을 수가 없다. 설명하는 사람이 잘 모르는데 듣는 사람이 제대로 이해했다면 그것은 기적과 같은 일이다. 그러니 그것을 가르칠 수 있을 만큼 공부하고, 학생보다 먼저 이해해야 한다.

또한 쉽게 설명하기 위해서는 상대방의 마음을 헤아려야 한다. 상대방이 기본 지식을 어느 정도 가지고 있는지, 어떻게 설명하면 알아들을 수 있을지, 지금 설명하는 내용을 이해하며 듣고 있는지 가늠해야 한다. 그런데 한 명이 아닌 여러 명을 동시에 가르칠 때는 한 명의 마음만 헤아려서는 안 된다. 모든 학생들의 마음, 이해도, 상황, 분위기 등을 파악할 수 있어야 한다. 그래야 어떤 부분을 더 설명하고 어떤 부분을 더 보완해야 하는지 알 수 있기 때문이다.

뜻이 분명하게 전달되도록 말의 순서를 생각하며 조리 있게 말하는 것도 중요하다. 도통 무슨 말인지 알아들을 수 없다면 올바른 설명이라 할 수 없다. 선생님이 되고자 한다면 평소 설명하고자 하는 내용의 요점을 잘 생각해서 조리 있게 말하는 연습을 해야 한다.

사람들 앞에서 설명을 잘하기 위해서는 바른 자세가 기본이다. 바른 자세로 자연스럽게 서서 편안하면서도 명확한 제스처를 취해야 한다. 앞에 선 사람의 태도가 불량하거나 불편해 보이면 듣는 사람도 집중할 수가 없다. 말을 할 때는 발음을 또박또박 정확히 하고, 억양이나 말의 속도에 유의한다. 그리고 적절한 쇼맨십도 필요하다. 너무 평이하고 무난하게 설명하다 보면 듣는 사람이 자칫 졸기 쉽다. 재미있고 임팩트 있게 설명하면 학생들이 더욱 집중할 수 있고, 설명이 오래도록 기억에 남는다.

선생님이 되고 싶다면 평소 친구들 앞에서 발표하는 습관을 길러보자. 조금 부끄럽더라도 어깨를 당당하게 펴고, 관중을 부드럽게 바라본다. 떨려서 목소리가 제대로 안 나오더라도 크고 명확한 목소리로 말하는 연습을 해야 한다. 평상시에 말하고자 하는 것을 명확하고 조리 있게 전달하는 연습을 하는 것도 잊지 말자.

가장 중요한 건 바로 성실함

수업 시작을 알리는 종이 울렸는데 수업할 준비가 되어 있지 않다면 어떨까? 수업 중 학생으로부터 질문을 받았는데 답을 해줄 수 없다면? 수업 전 제대로 갖춰진 수업준비, 어떤 질문을 받더라도 자신 있게 설명해줄 수 있는 대처능력은 성실한 태도에서 나온다. 선생님이라면 교재 연구도 수업 준비도 수업도 꾸준하고 성실하게 해야 한다. 조금만 게으름을 부리면 학생들 앞에서 창피를 당할 수 있다.

우리가 알고 있는 〈토끼와 거북〉 이야기에는 타고난 능력으로 단번에 결승점에 들어가리라 믿는 토끼와 꾸준히 결승점을 향해 노력을 하는 거북이 나온다. 굳이 고르자면 선생님은 토끼보다는 거북과 같은 사람이다. 선생님의 견고한 카리스마는 꾸준히 한 걸음씩 노력하는 태도에서 나온다.

미국 캘리포니아에는 '리버사이드 카운티'라는 조용한 도시가 있다. 이 작은 도시의 중심에는 조그마한 공원이 있다. 이 작은 공원이 유명한 이유는 세 개의 동상 때문이다. 이 동상들의 주인공은 바로 마하트마 간디, 마틴 루터 킹 목사 그리고 안창호 선생이다. 미국의 이름 없는 도시에 도산 안창호 선생의 동상이 세워져 있다니 자랑스럽긴 한데, 대체 어찌 된 일일까?

도산 안창호 선생은 교육학을 더 배우기 위해 떠난 미국 유학 시절, 다른 한국인 노동자와 함께 오렌지농장에서 일했다. 이때는 일자리를 찾아 이주한 한인들이 많았다. 말도 통하지 않고 낯선 문화 속에 비빌 언덕조차 없던 우리 민족은 현지인들에게 갖은 멸시와 차별을 받았다. 안창호 선생은 "오렌지 한 개를 따더라도 정성껏 성실히 따는 것이 나라를 위하는 일"이라며 동포들을 이끌었다. 동포들은 단 한 알의 오렌지도 정성껏 대했고, 이러한 성실함으로 인해 현지인들에게 신뢰받을 수 있었다. 안창호 선생은 우리 민

족에게 존경받는 것을 넘어 현지인들에게도 존경을 받았고, 선생의 정신을 받들기 위해 동상이 세워졌다.

안창호 선생의 일화를 통해 성실함의 중요성을 알 수 있다. 성실함이 타고나는 것이라고 생각하지만, 성실함은 작은 습관들이 모인 결과이다. 선생님이 되기 위해서는 아무리 사소한 것이라도 성실하게 임하는 습관을 들여야 한다.

백 마디 말보다 한 번의 행동

요즘 선생님에 대해 '가르치는 일을 하는 사람'이라는 인식이 강해지고 있다. 선생님을 직업의 하나로 여기는 것이다. 하지만 선생님은 예부터 직업이라기보다는 사회를 이끄는 역할을 맡고 있었다. 사람들을 계몽시키고 올바르게 이끌어나가는 것이 선생님의 역할이었다. 이러한 역할은 지금도 계속되고 있다.

국어 과목을 아주 잘 가르치는 국어 선생님이 있다고 가정해보자. 선생님의 설명은 귀에 쏙쏙 들어오고, 선생님이 가르쳐주시는 것들은 모의고사 문제에 꼭 나온다. 선생님 수업만 잘 들으면 국어 시험을 잘 볼 수 있다. 그런데 선생님은 아이들이 옷을 어떻게 입든, 말씨가 곱든 나쁘든 상관하지 않는다. 심지어 선생님 본인도 비속어를 즐겨 쓴다. 아이들이 선생님 마음에 들지 않으면 폭력도 사용하고, 수업시간에는 다른 사람의 험담을 한다. 이 선생님이 훌륭하게 느껴지는가? 학생들이 선생님을 존경할 수 있을까?

교육의 기본은 행동과 모방이다. "아이들 앞에서는 숭늉도 못 마신다"는 말이 있다. 아이들은 말로 설명하지 않아도 행동을 보고 그대로 따라 배우기 때문에 아이들 앞에서는 몸가짐을 조심해야 한다는 뜻이다. 별 것 아니라고 생각하는 행동조차도 학생들에게 어떤 영향을 끼칠지 모르기 때문이다. 선생님이 평소 어떤 생각을 하며 지내는지, 철학적으로는 어떤 사고를 하는지, 이 세상과 사회를 어떻게 바라보고 있는지 등은 굳이 말로 표현하지 않아도 선생님의 표정과 행동으로 드러난다.

계획을 잘 세우는 친구를 한 명 떠올려보자. 그 친구는 어딘가 놀러 갈 때 그곳에 대한 정보를 미리 찾아보고 계획도 철저하게 세운다. 그 친구와 함께라면 계획이 잘 짜여 있어 같은 시간을 보내더라도 더 보람이 있다. 조금 멀리 놀러 갈 때는 친구의 설명 덕분에 뭔가를 하나라도 더 알 수 있어서 좋다. 자, 이 친구의 습관은 언제부터 생긴 것일까? 물론 스스로 터득한 경우도 있겠지만, 어린 시절부터 부모님에게 보고 배운 습관인 경우가 더 많다.

교육에 있어서 백 마디 설명이 필요할까? 말만 많이 하다 보면 잔소리처럼 느껴지고 아무리 옳은 말도 듣기 싫어질 수 있다. 백 마디 말보다 한 번의 행동이 중요하다. 하물며 자식 한둘을 키우는 부모도 그럴진대 선생님을 향한 눈동자는 백 개, 천 개, 만 개다. 명심하자. 행동이 곧 가르침이며, 사람의 인생을 바꿀 수도 있다는 사실을!

선생님에게 필요한 리더십

현대를 살아가는 사람 모두에게 필요한 능력이지만, 선생님에게는 특히 더 수평적 리더십과 다원적 소통이 필요하다. 그럼 수평적 리더십과 다원적 소통이란 무엇일까?

리더십이란 다른 사람들을 통솔하고 잘 이끌어갈 수 있는 능력이다. 선생님에게 가장 중요한 것 중 하나가 바로 리더십이다. 사람들 앞에 서는 일도 어려운데, 자신의 말에 귀를 기울이고 가슴에 담도록 하는 일은 얼마나 더 어려울까? 그래서 때때로 사람들은 잘못된 방식으로 사람들을 통솔하려고 한다. 폭력을 쓰거나 공포스러운 분위기를 만들어 억지로 자신의 말을 듣도록 한다. 그러나 그렇게 해서는 상대방의 진심을 얻기 어렵다. 마음이 동하지 않으면 진실로 따라가기 어렵고 그렇게 해서는 어떠한 교육도 효과가 없다.

그렇기에 현대에는 수평적 리더십을 중요하게 여긴다. 수평적 리더십이란 개개인의 인격을 존중하며 전체를 아우르고 올바른 방향으로 잘 이끌어나가는 리더십이다. 수평적 리더십의 예는 〈해님과 나그네〉 이야기에서 찾을 수 있다.

어느 날 해님과 바람이 내기를 했다.

"저기 가는 나그네의 외투를 누가 먼저 벗길 수 있을까?"

바람이 자신만만하게 말했다.

"내가 센 바람을 훅 불어 옷을 날려버리면 옷이 벗겨지지 않고 어찌 버티겠어?"

바람은 옷을 벗겨내기 위해 있는 힘껏 바람을 불었다. 어떻게 되었을까? 외투 자락이 바람에 날릴수록 나그네는 외투를 더욱 여몄다. 바람은 나그네의 외투를 벗기기는커녕 더욱 단단히 여미게 만들었다.

다음은 해님 차례. 해님은 따뜻한 햇볕을 쨍쨍 내리쬈다. 바람이 비웃었다.

"내가 그토록 옷을 날려버리려고 해도 안 됐는데, 그렇게 해서 옷이 벗겨지겠어?"

그때 나그네가 땀을 뻘뻘 흘리더니 중얼거렸다.

"아휴, 날씨가 덥네. 외투를 벗어야겠어."

나그네는 스스로 외투를 벗었다. 잘못된 리더십은 바람이 한 것처럼 강압적인 방법을 사용하여 외투를 벗기려 한다. 외투를 반드시 벗어야 하는 상황일지라도 본인의 의지 없이 억지로 외투를 벗어야 할 때, 사람들은 바람을 존경하고 진심으로 따르지 않는다. 진심으로 따르지 않으면 리더로서 사람들을 통솔하기 어렵다.

반면 해님은 나그네의 외투를 벗기기 위해서는 나그네가 스스로 외투를 벗어야겠다고 생각해야 한다는 사실을 알았다. 길을 걷고 있는 나그네의 상황과 날씨를 보았고, 어떻게 하면 나그네가 스스로 외투를 벗어야 한다는 사실을 알게 할지 생각했다.

선생님이 교실에서 수평적 리더십을 발휘하기 위해서는 해님처럼 학생들의 처지나 생각을 고려하고 통합할 수 있는 능력이 필요하다. 그리고 이러한 수평적 리더십은 다원적 소통을 통해 학생·학부모의 이야기를 열린 마음으로 귀 기울여 들어야만 가능하다.

다원적 소통을 한다는 건 본인의 생각을 상대방이 이해할 수 있도록 자세히 설명하고 많은 사람들의 의견을 귀 기울여 듣는다는 말이다. 세상 무엇도 단 한 가지만이 옳은 경우는 없기에 강압적으로 자신의 생각만 주장하는 것은 위험하다. 뿐만 아니라 집단 안에서 무슨 일이 일어나고 있는지 상황을 제대로 파악하지 못하거나 한쪽으로 편협하게 치우치지 않도록 항상 노력해야 한다.

영화, 소설, 역사 속 선생님들

여러분은 선생님 하면 어떤 분이 가장 먼저 떠오를까? 각자 좋은 선생님이라고 생각하는 선생님은 어떤 모습일까? 우리에게 영감을 주는 위대한 스승은 역사에도 있고, 영화나 소설에서도 만날 수 있다. 그들을 통해 배움을 얻고 감동을 얻고 인생을 배울 수 있다. 여기에서는 헬렌 켈러의 스승 앤 설리번, 영화 〈죽은 시인의 사회〉의 키팅 선생님, 소설 《완득이》의 동주 선생님을 소개하려고 한다.

여러 선생님을 만나면서 '나는 어떤 선생님이 될까?' 또는 '내가 생각하는 좋은 선생님은 누굴까?'라고 생각하고 미래 나의 모습을 꿈꿔보자!

[역사] 헬렌 켈러의 스승, 앤 설리번

> "시작하고 실패하는 것을 계속하라.
>
> 실패할 때마다 무엇인가 성취할 것이다.
>
> 네가 원하는 것을 성취하지 못할지라도
>
> 무엇인가 가치 있는 것을 얻게 되리라."
>
> _앤 설리번

헬렌 켈러는 태어난 지 19개월이 되었을 때 병에 걸려 목숨을 잃을 뻔했다. 간신히 살아났지만 보지도 듣지도 말하지도 못하게 되었다. 그러나 비장애인도 힘들다는 래드클리프대학 졸업장을 받고, 장애인 인권 운동, 여성 인권 운동, 사회운동 등 다양한 활동을 하였다. 그저 어둠 속에서 살아갈 수밖에 없던 헬렌 켈러를 세상으로 끌어올리고 세계적인 인물로 만든 사람이 있다. 바로 '앤 설리번' 선생님이다.

앤 설리번은 어린 시절 보스턴의 보호소에서 지냈다. 앤의 엄마는 돌아가셨고, 아빠는 알코올 의존자였다. 보호소에 같이 갔던 동생은 그곳에서 죽었다. 앤은 미쳤고, 시력도 잃었다. 수시로 자살시도를 하고 괴성을 질러댔다. 결국 정신병원에서도 지하 독방에 수용되었다.

그런 앤에게 따뜻한 손을 내민 건 간호사 로라였다. 로라는 자진해서 앤을 돌보겠다고 했다. 그리고 매일 과자를 들고 가서 책을 읽어주었다. 앤이 아무 반응을 보이지 않아도 로라는 지치지 않고 매일 과자를 가져가고 책을 읽었다. 그러던 어느 날, 로라는 앤 앞에 놓아준 초콜릿 접시에서 초콜릿이 하나 없어진 것을 발견했다.

앤은 조금씩 반응을 보이기 시작했다. 가끔은 애기도 했고, 그 횟수도 점점 많아졌다. 그리고 2년 만에 정신병원에서 나왔다. 이후 파킨스 시각장애아 학교에 입학했고, 최우등생으로 졸업했다.

한 신문사의 도움으로 개안 수술에도 성공했는데, 수술 후 어느 날 신문기사를 봤다.

"보지도 듣지도 말하지도 못하는 아이를 돌볼 사람 구함."

그 아이가 바로 헬렌 켈러였다. 앤은 로라에게 받은 사랑을 돌려준다는 마음으로 헬렌 켈러를 가르쳤다. 헬렌 켈러를 가르칠 수 있는 방법은 감각기관뿐이었음에도 앤은 헬렌 켈러를 훌륭하게 키워냈다.

[영화] 죽은 시인의 사회, 키팅 선생님

"그 누구도 아닌, 자기 걸음을 걸어라.

자신이 독특하다는 사실을 믿어라.

누구나 몰려가는 줄에 설 필요는 없다.

자신만의 걸음으로 자기 길을 가거라.

바보 같은 사람들이 무어라 비웃든 간에."

_영화 〈죽은 시인의 사회〉 중에서

영화 〈죽은 시인의 사회〉는 1989년 개봉 당시 엄청난 인기를 끌었다. 이야기는 미국의 웰튼 아카데미의 새학기 개강식에 '존 키팅' 선생님이 영어 교사로 부임하면서 시작된다. 웰튼 아카데미는 아이비리그 진학을 위해 세워진 명문 사립 고등학교다. 학생들은 기숙사 생활을 하며 아이비리그 진학을 위한 엄격한 교육을 받고 있다.

키팅 선생님 역시 웰튼 아카데미 졸업생으로, 옥스퍼드 대학을 나온 엘리트이다. 그런데 키팅 선생님은 첫 시간부터 파격적인 수업 방식으로 학생들에게 신선한 충격을 준다. 대학을 목표로 공부할 게 아니라 주체적으로 생각하고 스스로의 인생을 설계해야 한다고 가르쳤다. 학생들은 키팅 선생님을 '캡틴'이라 부르며 따르게 된다. 그리고 몇몇 학생들이 '죽은 시인의 사회'라는 서클의 정체를 알게 된다. 학교의 엄격한 규율을 어기고 서클에 가입하고, 그곳에서 키팅 선생님에게 참된 인생이 무엇인지 배우게 된다는 내용이다.

영화의 마지막에 학교를 떠나는 키팅 선생님을 위해 모두 책상에 올라가 경의를 표하는 장면은 명장면으로 손꼽힌다. 이때 학생들은 키팅 선생님을 '캡틴', 즉 선장님이라고 부른다. 그들에게 키팅 선생님은 인생을 잘 살아가는 방법을 알려주고 이끌어주는 선장 같은 사람이었다. 영화에서 학생들이 꿈꾸는 이상적인 선생님의 모습을 볼 수 있다.

[소설] 완득이, 동주 선생님

"공부하는 척하지 말자."

_소설 《완득이》 중에서

소설 《완득이》는 불우한 가정환경에서 살아가는 문제아 완득이, 그리고 완득이를 사랑으로 키워내는 선생님의 이야기이다. 완득이와 티격태격하면서 무심한 듯 툭툭 사랑을 던지는 선생님의 모습에 많은 사람들이 감동받았다.

완득이는 아버지, 삼촌과 함께 옥탑방에서 살고 있다. 공부도 못하고 교우 관계도 좋지 않고, 오로지 싸움만 잘하는 완득이에게 무한한 관심과 사랑을 갖고 있는 이가 바로 동주 선생님이다. 완득이는 동주 선생님을 '똥주'라고 부르는데, "제발 똥주 좀 죽여주세요"라고 기도할 정도로 선생님을 싫어한다. 완득이 입장에서는 선생님이 사사건건 간섭하는 데다가 옆집 옥탑방에 살면서 밤낮없이 불러대기 때문이다. 학교에서는 숨기고 싶은 집안 이야기를 폭로하지 않나, 집에 오면 수급받은 햇반을 나눠먹자며 가져가질 않나, 오밤중에 쳐들어와 아버지, 삼촌과 술을 마시지 않나.

그런데 어느 날, 동주 선생님은 완득이에게 존재조차 모르고 살던 엄마를 찾아주었다. 엄마를 다시 만나고, 완득이와 완득이 아버지, 삼촌의 집안 분위기도 바뀐다. 완득이는 복싱을 하겠다는 꿈도 꾸게 된다. 선생님의 지속적인 관심과 따뜻한 사랑이 한 사람을 세상 밖으로 이끌어내고, 꿈과 비전을 심어준 것이다.

뿐만 아니라 동주 선생님 개인적으로 다문화센터에서 일하며 불우한 사람들을 돕고 있다는 사실도 밝혀진다. 동주 선생님은 학교나 학생뿐 아니라 우리 사회를 보듬고 보살피는 분이었다.

2장
선생님이
되기까지

선생님이
되는 길

선생님이 되기 위해서는

예전에는 선생님이 되기 위해 특정 기관에서 교육을 받거나 자격증을 취득할 필요가 없었다. 선생님을 하나의 직업으로 보기보다는 사람들을 계몽하고 이끌어나가는 스승이라고 생각했기 때문이다. 그렇기에 학문적 깊이가 깊고 지혜가 출중하면 선생님이 되었고, 가르치는 자로서 존경을 받았다. 나라에서 운영하는 교육기관에서도 따로 선생님을 뽑지 않고 과거에 합격한 관리들이 교직을 맡았다.

교사가 직업으로써 인식되고 전문적인 성격을 띠게 된 것은 현대에 들어 교육이 대중화되면서부터다. 서양에서는 이미 18세기 말부터 교원을 전문적으로 양성하는 사범학교가 있었다. 우리나라와는 선생님에 대한 생각이 달랐음을 알 수 있다. 우리나라에서는 근대에 학교가 새로 만들어지기 시작하면서 훈장 대신 서양의 교원 개념을 사용하기 시작했다.

우리나라에 최초의 교원양성기관이 생긴 것은 1895년이다. 이때 초등학교 선생님을 양성하는 한성사범학교가 설립되었다. 선생님을 직업인으로 인식하기 시작한 것이다. 이때부터 선생님은 교원으로서의 자격을 갖추기 위해 특별한 교육을 받았다. 교육학을 배우고, 잘 가르칠 수 있는 여러 가지 교육법도 배우고, 학생을 잘 지도하기 위한 다양한 지식과 기술을 습득했다.

현재 우리나라에는 꽤 많은 교원양성기관이 있다. 유치원생, 초등학생, 중학생, 고등학생, 대학생, 성인 등 가르치는 대상에 따라 교원양성기관이 다양하다. 초등교원양성기관은 국립교육대학 12개(한국교원대학교 초등교육과 포함), 사립대학(이화여자대학교 초등교육 전공) 1개, 중등교원양성기관은 국립사범대학 13개(한국교원대학교 포함), 사립사범대학 29개, 그리고 다수의 교육대학원 134개, 교직과정 158개, 유치원교원양성기관으로는 한국교원대학교 유아교육과 외 67개교가 있다. 이제는 누구나 선생님은 전문가이며, 선생님이 되기 위해서는 그에 걸맞은 교육을 받아야 한다고 생각한다.

선생님이 되기 위한 자격증

앞서 살펴보았듯 선생님은 여러 종류가 있다. 선생님이 되기 위해서는 교원자격증을 받아 국가 임용고시에 응시하거나, 각 기관에서 정한 기준을 충족하면 된다.

교원자격증을 받는 방법은 크게 네 가지가 있다.

1) 사범대학 진학

2) 교육대학교 진학

3) 교육대학원 진학

4) 일반 대학 각 학과에서 교직이수

일찌감치 진로를 정해 사범대학이나 교육대학교에 진학하면 좋지만, 대학에 입학한 뒤에야 선생님이 되고 싶다는 생각을 하게 될 수 있다. 그럴 때에는 교직이수를 하거나 교육대학원에 진학하는 방법이 있다. 교직이수는 일반 대학에서 할 수 있고, 교육대학원은 대학교 전공과 연계된 과로 진학할 수 있다.

대학 입학 전에 되기로 진로를 정했다면, 사범대학에 갈지 교육대학교에 갈지 생각해봐야 한다. 그러려면 어떤 선생님이 될지 구체적인 목표를 세워야 한다. 초등학교 선생님이 될지 중·고등학교 선생님이 될지, 중·고등학교 선생님이 된다면 무슨 과목을 가르치고 싶은지 결정해야 한다는 말이다.

사범대학은 4년제 대학교에 속한 단과대학인데, 졸업 후 중·고등학교 선생님이 될 수 있고, 교육대학교는 '서울교육대학교'나 '춘천교육대학교'와 같이 초등학교 선생님 양성을 목표로 하는 4년제 대학교이다. 사범대학·교육대학원을 졸업하거나 일반 대학에서 교직이수를 하면 중·고등학교 선생님이 될 수 있는 자격증을 받을 수 있고, 교육대학교를 나오면 초등학교 선생님이 될 수 있는 자격증을 받을 수 있다.

선생님이 되기 위한 시험

교원의 자격은 법의 '교원자격검정령'에 의해 시험을 보는 '시험검정'과 시험을 보지 않는 '무시험검정'으로 얻을 수 있다. 시험검정의 예는 나라에서 실시하는 임용고시를 들 수 있다. 무시험검정은 일정 자격이 되면 자격증을 주는 것인데, 교육대학교나 사범대학을 졸업하면 교원자격증을 받는 것이 대표적이다.

임용고시를 보기 위해서는 정교사 2급 자격증이 필요하다. 이 자격증이 있는 사람에 한해 나라에서 모집하는 교원임용시험에 응시할 수 있다. 임용고시는 유치원, 초등학교, 중·고등학교, 보건교사 등으로 세분화되어 있다.

시험은 학력고사, 실기고사, 구술고사 세 단계로 이루어져 있다. 학력고사에 합격하면 실기고사와 구술고사를 본다. 학력고사는 모든 시험 과목이 100점 만점이며, 과목당 40점 이상, 전 과목 평균 60점 이상이어야 합격한다. 실기고사와 구술고사 역시 100점 만점에 시험마다 40점 이상 받지 못하면 합격할 수 없다.

합격 기준이 과목당 40점, 평균 60점 이상이라고 하면 쉽게 생각되기도 한다. 하지만 매해 선발 인원이 정해져 있고 선발 인원 안에 들어야 한다는 점을 생각하면, 사실 이 점수 커트라인은 무의미하다. 교육대학교와 사범대 학생들이 4년 내내 시험공부에 매달리고 있는 것만 봐도 이 시험이 얼마나 어려운지 알 수 있다.

시험을 보지 않고 교원 자격을 얻는 방법

무시험검정은 시험을 보지 않고 교원 자격 기준에 따라 제출된 서류를 심사해 자격을 검정하는 방법이다. 다음 4가지 경우가 있다.

첫째, 사범대학·교육대학을 졸업하거나 일반 대학에서 교직이수를 하면 받는 자격증이다. 이때 받는 자격증은 정교사 2급 및 준교사 자격증이다. 이 자격증이 있으면 사립학교에 취직할 수 있다. 국가에서 운영하는 국공립학교에 취직하기 위해서도 이 자격증이 필요하다. 이 자격증이 있는 사람들은 국가에서 임용선발을 할 때 시험에 응시할 수 있다.

둘째, 첫 번째 방법으로 받은 자격증을 활용해 교원으로 활동했다면, 시험을 보지 않고 정교사 1급 자격증을 받을 수 있다. 교원으로서의 경력을 인정받으면 소정의 재교육 이수를 조건으로 정교사 1급 자격증을 받는다.

셋째, 교장·원장 자격의 무시험검정이 있다. 교감이 되기 위해서는 시험을 봐야 하지만, 현직 교감이 근무경력을 인정받고 소정의 재교육을 받으면 시험을 보지 않고 교장 자격증을 취득할 수 있다.

넷째, 대학의 조교 및 전임강사, 교수 등도 별도의 자격증 제도가 없다. '교육기본법'에 규정한 대학교원 자격 기준에 따라 자격이 주어진다. 그런데 교수의 종류는 생각보다 많다. 각 대학이나 학과에 따라 필요한 자격의 기준도 다르다. 구체적인 목표가 정해졌다면 해당 학교 학과에 문의하는 것이 가장 정확하다.

교육대학교
(초등학교 선생님)

교육대학교는 어떤 곳이지?

교육대학교는 초등학교 교원을 양성하기 위해 나라에서 만들었다. 교육대학교에서는 초등학교 선생님이 되기 위한 지식과 소양을 가르치며, 이곳을 졸업하면 초등학교 선생님이 될 수 있다.

교육대학교에 들어가면 기본적으로 모두 초등교육과 소속인데, 세부적으로는 전공이 나뉘어 있다. 국어교육, 사회교육, 수학교육, 과학교육 등 전공이 다양하다. 보통의 대학교들이 개인에 따라 시간표를 다르게 짤 수 있는 것과 달리 교육대학교는 시간표가 어느 정도 정해져 있다. 게다가 모두 초등교육과라는 큰 틀 안에 있기 때문에 커리큘럼이 전공별로 크게 다르지 않다. 과가 달라도 비슷한 수업을 듣고, 거의 같은 공부를 하게 된다.

　원래 나라에서 만든 국립대학교 학비는 사립대학교보다 저렴하다. 교육대학교는 나라에서 만든 국립대학교라서 학비가 저렴하다. 그리고 대부분 교육대학교는 학교 캠퍼스가 아름답기로 소문이 나 있다. 안정적인 직업을 가질 수 있고, 학비가 저렴하고, 교정도 멋있다니 경쟁률이 얼마나 셀지 예상될 것이다.

　우리나라에 있는 교육대학교는 10개가 조금 넘는다. 학교 수가 적고 종합대학교가 아니기 때문에 학생 수도 적다. 학교 수도 적고 학생 수도 적은 만큼 학생들의 단결력과 결속력이 강하다. 그래서 4년 내내 공부를 열심히 하지만 서로 경쟁하는 분위기는 아니다. 서로 유대감이 깊은 데다가 전공이 달라도 커리큘럼이 비슷해서 서로 부족한 부분을 도와 가며 공부한다.

　교육대학교를 졸업하면 초등학교 선생님이 될 수 있는 자격증이 나온다. 그러면 사립 초등학교에 시험 및 면접을 보고 들어갈 수도 있고, '초등임용시험'을 치러 국공립 초등학교에 임용될 수 있다.

교육대학교에 들어가려면?

　교육대학교는 수가 매우 적고 전국에 흩어져 있으니 학

교들을 꼼꼼히 살펴보는 것이 좋다. 위치는 어디에 있는지 알아보고, 가능하면 직접 학교를 방문해서 학교 분위기는 어떤지 살펴본다. 학교별 커리큘럼과 학생 수도 알아보면 도움이 된다. 그러고 나서 정확히 어느 학교를 목표로 할지 정한다. 커트라인과 기존 합격생의 면면, 학교의 요구사항을 알아보고 차근차근 준비해야 한다.

어느 학교로 결정하든 일단 경쟁률이 치열하니 내신 관리와 높은 수능 등급은 필수다. 교과 공부를 충실히 하고 성적을 잘 내는 것이 중요하다. 선생님이 되고자 한다면 공부를 열심히 하는 것이 기본이다. 시간표와 학습계획표를 짜서 실천에 옮겨보자. 과외나 학원에서 부족한 부분을 보강받는 것도 좋지만, 철저한 자기관리와 성실함으로 성적을 유지하는 것이 중요하다. 정해진 시간에 예습을 하고, 정해진 시간에 반드시 복습을 하자. 매일 해야 할 학습의 양을 정해두고 그것만 지켜도 상위권 성적을 유지할 수 있다.

선생님이 되고자 한다면 다양한 자율 활동을 해보는 것도 좋다. 학교에서 운영하는 그룹 스터디에 참여해 자기주도적으로 학습하는 습관을 들이는 것이다. 멘토링 활동에 참여해보는 것도 도움이 된다. 멘토링 활동까지 할 시간이 없다면 시간이 날 때 친구들과 모여 같이 공부해보는 것도 좋은 방법이다. 후배나 친구들을 직접 가르쳐보면 좋은 선생님이 되기 위해 필요한 자질을 스스로 터득할 수 있다.

교육대학교에서는 무엇을 배우지?

교육대학교에 다니면 학생 모두 초등교육과에 속한다. 자세히는 국어교육과, 수학교육과, 영어교육과, 과학교육과 등 다양한 심화 전공으로 나뉜다. 앞서 말했듯, 심화 전공이 나뉘더라도 모두 초등교육과에 속하기 때문에 전공마다 커리큘럼이 비슷하고 받게 되는 교육도 거의 같다.

1학년 때는 대부분 교양 과목 위주의 수업을 듣는다. 2학년부터 본격적으로 전공 수업이 시작된다. 전공 수업에서는 국어, 수학, 음악, 미술 등 초등학교에서 가르치는 교과목에 대한 지식과 교육법을 배운다. 또 교육자로서 꼭 알아야 할 교육철학, 교육심리, 특수교육학 등의 과목도 공부하게 된다. 4학년 때는 상대적으로 적은 과목들을 들으며 임용고시를 준비하게 된다. 그러나 대체로 1학년 입학과 함께 임용고시를 준비하는 사람이 많다. 시험이 그만큼 어렵기 때문이다.

교생실습도 중요한 커리큘럼 중 하나이다. 교생실습은 교육대학교의 꽃이라고 할 수 있다. 교생실습 중인 선생님을 '교생선생님'이라고 부르는데, 여러분이 학교에서 가끔 보게 되는 바로 그분들이다.

교생실습은 대체로 2학년부터 시작해 매 학기 나가게 된다. 첫 실습 땐 담임 선생님 옆에서 주로 관찰을 하고, 두 번째 실습부터는 직접 수업을 준비해서 진행한다. 일일 담임 선생님을 맡거나 급식 지도를 담당하는 등 학교에서의 다양한 일을 경험해본다.

이러한 실습이 중요한 까닭은 글로 배우는 것과 직접 현장에서 배우는 것에는 많은 차이가 있기 때문이다. 교생실습을 통해 강의실에서보다 많은 것들을 배울 수 있다. 게다가 적성 여부를 깨닫는 계기도 된다. 교생실습을 나갔다가 반드시 선생님이 되어야겠다는 결심이 굳어져 임용시험에 더욱 매진하거나, 직접 겪어보니 생각과 달라 진로를 바꾸는 경우도 있다.

교육대학교 졸업 후 진로는?

교육대학교를 졸업하면 대부분 초등학교 교사가 된다. 학교를 졸업하면 '초등학교 정교사 2급 자격증'이 나오기 때문에 사립 초등학교에 면접과 시험을 보고 입사하기도 하고, 국공립학교에 취직하기 위해 국가 초등임용고시를 보기도 한다. 시험을 보지 않아도 사립 초등학교에서 일하면 되지 않겠냐는 생각이 든다면, 전국에 있는 사립 초등학교 수를 세어보자. 사립 초등학교는 그 수가 매우 적다.

사립 초등학교는 숫자가 적고 자리가 많이 나지 않는 만큼 대부분은 초등임용고시를 준비한다. 요즘은 초등학생 수가 계속해서 급격하게 줄어들고 있는 만큼 시험 합격률도 점점 낮아지고 있으니 교육대학교를 졸업하면 저절로 초등학교 선생님이 될 것이라는 생각은 조금 위험하다.

교육대학교를 졸업하고 정교사 2급 자격증을 취득하면 국가에서 실시하는 초등임용고시를 볼 수 있다. 시험은 1년에 한 번 1차와 2차로 나누어 치러진다. 1차는 교직논술과 교육과정, 한국사(한국사능력검정시험 3급으로 대체)로 서술형 문제이다. 2차는 선생님의 자질을 평가한다. 교수학습과정안 작성, 심층면접, 수업시연 등의 실기 시험이다. 영어 수업시연 및 영어면접도 있으니 각각 맞추어 준비해야 한다.

교육대학교를 졸업했는데 초등학교 선생님이 되지 않는다면 무엇을 할 수 있을까? 교생실습을 나갔다가 적성이 맞지 않는다는 사실을 깨닫거나, 다른 이유로 진로를 바꾸게 된다면 어떡할지 걱정이 될 수도 있다. 그렇지만 '교육'대학교인 만큼 졸업생의 95퍼센트 이상이 교육 관련 업계에서 일하게 된다. 학교를 졸업하면 초등학교 교사뿐 아니라 방송 강사, 장학사, 대학교수, 교과서 저자 등 다양한 교육 분야에 진출할 수 있다.

전국 13개 초등교육과 개설 대학

우리나라에는 초등교육과가 있는 대학이 13곳 있다. 교육대학교는 11곳이지만 교육대학교 외에 이화여대나 제주대처럼 초등교육과가 따로 개설된 학교도 있으니 참고하자.

전국 초등교육과 개설 대학

지역	초등교육과 운영 대학
수도권 지역	서울교대, 경인교대, 이화여대
강원도	춘천교대
충청도	청주교대, 공주교대, 한국교원대
경상도	대구교대, 부산교대, 진주교대
전라도	광주교대, 전주교대
제주도	제주대

사범대학교
(중·고등학교 선생님)

사범대학은 어떤 곳이지?

우리나라 교육은 '초등교육', '중등교육', '고등교육'으로 나뉜다. 보통 이를 초등학교, 중학교, 고등학교 교육으로 해석하기 쉬운데, 사실 그렇지 않다. 우리가 쉽게 쓰는 말 가운데에도 "고등교육까지 받은 사람이……"라는 말이 있는데, 여기에서 '고등교육'은 '고도의 전문적 지식 또는 기술을 터득하게 하는 전문 대학 이상의 교육'을 통틀어 이르는 말이다. 그렇다면 '중등교육'은 무엇일까? 중학교와 고등학교를 통틀어 '중등교육'이라고 한다.

사범대학을 졸업하면 정교사 2급 자격증을 갖게 되는데, 이 자격증이 있으면 중·고등학교 교사가 될 수 있다. 사립 중·고등학교에 입사해 학생을 가르칠 수 있는 것이다. 또한 나라에서 실시하는 국공립 중·고등학교 선생님 임용시험에 응시할 수 있다. 그런데 국공립학교로 가게 된다면 중학교로 갈지 고등학교로 갈지 선택할 수는 없다. 시험에 합격하면 중학교에 발령이 날 수도 있고, 고등학교에 발령이 날 수도 있다. 중학교에 발령이 나서 근무를 하다 다음번에는 고등학교에 발령이 나기도 한다.

사범대학 학생들은 입학한 순간부터가 진정한 공부의 시작이라고 말한다. 사범대 학생이 입학한 순간부터 그렇게나 열심히 공부하는 데에는 이유가 있다. 국공립 중·고등학교에서 일하려면 임용고시에 합격해야 하는데, 임용고시는 합격 인원이 정해져 있지 않다. 해마다 필요한 교사의 수만큼을 뽑기 때문에 선발 인원이 매해 다를 수밖에 없다. 해마다 선발 인원이 다른데다, 어떤 해에는 특정 과목에 인원을 선발하지 않기도 한다. 이제 해마다 중·고등학생 수는 줄고, 선생님의 정년은 길다. 그러니 선발되려면 공부를 열심히 하는 수밖에 없다.

사범대학에 들어가려면?

사범대학 내에 학과가 가장 많은 학교는 서울대학교다. 서울대학교는 우리나라에서 가장 좋은 대학교이니 탐낼 만하지만, 학과가 가장 많아 다양한 선택이 가능하다는 점만 참고하면 좋을 듯하다. 사범대학을 졸업하면 누구나 임용고시를 봐야 하는 만큼 사실 어느 대학교를 나왔는지는 그다지 중요하지 않기 때문이다. 그러니 자신에게 맞는 학교를 미리 찾아보는 것이 중요하다. 자신의 성적으로 어느 학교에 지원할 수 있을지 미리 찾아보고, 목표를 정해 공부해야 한다.

무슨 과목을 가르치고 싶은지도 미리 생각해두어야 한다. 사범대를 졸업하고 임용고시를 봐야 하는 만큼 임용고시 경쟁률을 고려하지 않을 수 없다. 국어, 수학, 영어 선생님을 선발하는 인원은 음악, 체육, 미술 선생님을 선발하는 인원보다 훨씬 많다. 각 대학의 학과 개설 숫자가 다르다는 것도 참고해 학과와 학교를 비교해보고 어떤 과목 선생님이 될 것인지 구체적으로 정하는 것이 좋다.

미리 대학 캠퍼스도 가보고, 선배들의 이야기도 들어보자. 선생님이 되고자 대학에 입학하고 나서 진로를 바꾸는 일은 쉽지 않다. 대충 성적에 맞춰 과목을 선택했다가 적성에 맞지 않아 낭패를 보는 경우가 많다. 어떤 과목을 가르칠지 선택하고, 그 과목의 선생님이 되었다면 평생 그 과목을 가르치고 살아야 한다는 점을 명심하자. 그러니 신중에 신중을 기해 과목과 학교를 선택해야 한다.

학과나 학교에 대한 구체적인 목표를 세웠다면, 선발 방법을 알아보고 그에 맞춰 내신과 수능을 준비한다. 서울대학교 사범대학을 예로 들자면, 정시 때 논술과 면접을 같이 보기도 하고 때에 따라 수시에서 선발하는 학과도 있다. 여기서 중요한 건 '때에 따라 바뀐다'는 점이다. 그러니 어디가 되었든 미리 목표를 정하고 계속해서 살펴보면서 준비해야 한다.

사범대학에서는 무엇을 배우지?

사범대학은 전공과목이 과목별로 대단히 세분화되어 있다. 교육대학교는 심화전공이 다르더라도 커리큘럼이 비슷하지만, 사범대학은 다르다. 각 과에 따라 가르치게 될 과목의 지식이나 그 과목을 가르치는 방법에 대해 배운다.

학과와 상관없이 공통으로 배우는 과목들도 있는데, 교사론, 교육철학, 교육사회학, 교육행정, 교육심리, 서양 및 동양 교육사, 교육과정, 교수-학습이론, 교육평가 등이다. 잘 가르치려면 어떻게 해야 하는지, 선생님으로서 소양을 쌓기 위한 수업들이다. 예를 들어 교직과정에서는 교사로 진출했을 때 필요한 부분을 배운다.

사범대 학생들 역시 교육대학교 학생들과 마찬가지로 교생실습을 나간다. 사범대생의 교생실습은 매해 4월에 있다. 교육대학교도 마찬가지지만, 교육계열 학생들에게 교생실습은 정말 중요하다. 글로 배우면서 강의실에서 듣고 상상하던 것과 실제 교실 현장에서 느끼는 것들은 정말 다르기 때문이다. 글로 배우다가 직접 현장에 가면 훨씬 많은 것을 배울 수 있다.

무엇보다 교생실습에서 가장 큰 수확은 자기 적성에 맞는지 알아보는 것이다. 직접 교육 현장에서 일해보니 선생님이라는 직업이 적성에 맞지 않는다는 사실을 알게 되거나 자신이 선택한 과목을 가르치는 게 적성에 맞지 않는다는 사실을 깨닫는 경우가 생각보다 많다. 그때라도 다른 진로를 준비할 수 있으니 사범대생에게 교생실습은 소중한 시간이다.

이러니저러니 해도 사범대 학생에게 가장 중요한 건 임용고시다. 입학과 동시에 4년 동안 임용고시를 준비한다고도 할 수 있다. 때로는 졸업한 뒤에도 계속해서 공부하기도 한다. 중·고등학교 시절과는 비교도 할 수 없을 만큼 공부를 하게 되니 마음을 단단히 먹어야 한다.

사범대학 졸업 후 진로는?

사범대학을 졸업하면 보통은 중·고등학교 선생님이 된다. 사범대학을 졸업하면 '중등 정교사 2급 자격증'을 받을 수 있다. 중등 정교사 2급 자격증이 있으면 사립 중·고등학교에 들어갈 수도 있고, 여기에 한국사능력검정시험 3급 이상의 자격증이 있으면 국가 임용고시에 응시해 국공립 중·고등학교에서 일할 수도 있다.

임용고시는 총 2차로 평가한다. 1차는 필기시험이다. 필기시험에서 합격해야 2차 시험을 볼 수 있다. 2차는 면접, 수업지도안, 수업시연이다. 그런데 1차 선발 인원이 워낙 적기 때문에 1차 시험을 통과하기가 어렵다.

사범대학에는 세부적인 전공이 있는 만큼 시험은 전공별로 보고, 각 전공 선생님이 된다. 국어교육과는 국어 선생님, 수학교육과는 수학 선생님, 사회교육과는 사회 선생님……. 그러니 사범대학을 들어가는 것만이 중요한 것이 아니다. 반드시 적성에 맞는 과목을 선택해야 한다. 실제로 복수전공을 통해 다른 과목을 전공하기도 하고, 졸업 후에는 교사가 되는 사람보다 다른 직업을 갖는 경우가 더 많다는 점을 참고하자.

사범대학을 나왔는데 선생님이 되지 않는다면, 교육계열에 종사하는 경우도 많고 일반 회사에 취업하기도 한다. 대학원에 진학해 연구원이 되거나 전혀 다른 진로로 들어서기도 한다.

사범대학은 어디에 있을까?

자신의 성적으로 지원할 수 있는 학교를 목표로 정하고, 평생 가르치고 살아도 적성에 잘 맞을 것 같은 과목을 정해야 하는 만큼, 어떤 학교들이 있는지 알아야 할 것이다. 먼저 사범대가 어디에 있는지 알아야 목표를 세울 수 있지 않을까?

우선 사범대학은 전국에 약 40개 정도가 있다. 일반 대학교에 개설된 교육학 계열의 학과도 60여 개가 있으니, 총 100여 개의 학과가 있는 셈이다. 그리고 사범대학마다 개설된 학과가 다르다. 그러니 원하는 학과를 선택하고 그 학과가 있는 사범대학을 꼭 찾아봐야 한다. 그렇다면 우리나라 대학 중 사범대학을 운영하는 곳은 어디일까?

서울 지역 사범대 운영 대학

서울 지역 대학	대학 운영 학과
서울대 사범대	윤리교육과, 국어교육과, 교육학과, 사회교육과, 역사교육과, 지리교육과, 수학교육과, 영어교육과, 독어교육과, 불어교육과, 화학교육과, 지구과학교육과, 체육교육과
고려대 사범대	교육학과, 체육교육과, 가정교육과, 수학교육과, 국어교육과, 역사교육과, 지리교육과, 컴퓨터교육과, 영어교육과
성균관대 사범대	교육학과, 수학교육과, 컴퓨터교육과, 한문학과
중앙대 사범대	유아교육과, 가정교육과, 체육교육과, 영어교육과, 교육학과
이화여대 사범대	교육학과, 유아교육과, 초등교육과, 교육공학과, 특수교육과, 영어교육과, 사회과학교육과, 국어교육과, 과학교육과, 수학교육과
성신여대 사범대	교육학과, 사회교육과, 윤리교육과, 한문교육과, 유아교육과
한양대 사범대	국어교육과, 교육공학과, 교육학과, 영어교육과, 수학교육과, 응용미술교육과
건국대 사범대	음악교육과, 일어교육과, 수학교육과, 체육교육과, 교육공학과, 영어교육과
이외 사범대 운영 대학	동국대, 한국외대, 홍익대, 상명대, 인하대, 단국대, 성결대 등

지방 거점 국립 · 사립 대학 중 사범대 운영 대학

지방 지역 대학	대학명
지방 거점 국립·사립 대학교 중 사범대 운영 대학	경북대, 부산대, 충북대, 충남대, 공주대, 경상대, 전남대, 전북대, 경남대, 신라대, 한국국제대, 안동대, 계명대, 대구가톨릭대, 대구대, 영남대, 조선대, 목포대, 순천대, 우석대, 원광대, 전주대, 공주대, 목원대, 한남대, 서원대, 청주대, 강원대, 관동대, 제주대, 한국교원대학교

그런데 교원대학교는 일반 사범대학과는 조금 다르다. 교원대학교는 초·중·고등학교 선생님을 모두 양성하는 교원양성 대학교이다. 다른 대학처럼 전공도 따로 있고 초등·중등을 선택할 수도 있다. 학비가 저렴하고 특수한 성격을 갖고 있어 경쟁률이 세다.

교육대학원
(중·고등학교 선생님)

교육대학원은 어떤 곳이지?

교육대학교나 사범대학이 아닌 일반 대학교를 졸업했는데 선생님이 되고 싶다면 어떻게 해야 할까? 일반 대학교에서 교직이수를 할 수 있는 경우가 있고, 교육대학원에 진학하는 방법도 있다. 교육대학원을 졸업하면 교육대학교나 사범대학을 졸업했을 때처럼 정교사 2급 자격증을 받는다. 그러면 사립 중·고등학교에 취업할 수도 있고 국가 임용고시를 볼 수도 있다.

그런데 정교사 2급 자격증을 취득하기 위해서는 일정한 요건을 충족해야 한다. 교육대학교나 사범대를 졸업했을 때 정교사 2급 자격증이 나오는 이유는 학교를 다니는 동안 자격증을 받기 위한 조건을 충족했기 때문이다. 교육대학원에서는 정교사 2급 자격증을 받기 위한 조건을 2년 동안 채워야 한다는 점은 자격증 없이 대학원에 진학하는 학생들에게 부담이 되기도 한다.

단, 2년 동안 정교사 2급 자격증을 취득하기 위한 필수과목이나 교생실습 이수 시간을 채워야 하고, 거기에 논문이나 대학원만의 과제도 해내야 한다. 대학원은 학비가 비싼 편이며 대학교 졸업 뒤에도 몇 년의 시간을 더 보내야 한다. 이 점을 생각하면 대학원 진학은 깊이 생각하고 결정해야 한다. 대학원 졸업 후 임용고시를 볼 생각이라면 더더욱 신중해야 한다. 2년 동안 필수 과목을 모두 듣고 많은 과제를 해내고 교생실습 시수를 채우면서 임용고시까지 준비하는 것은 여간 힘든 일이 아니기 때문이다. 교육대학원 진학에는 확고한 의지가 필요하다.

그렇지만 대학원만의 좋은 점도 있다. 같은 신입 교사더라도 대학원을 졸업해 선생님이 되면 대학원 2년만큼의 호봉을 인정받는다. 2호봉이라면 2년간 더 근무한 것으로 인정해준다는 뜻이다. 연봉도 2호봉 더 높게 받고, 진급도 2호봉 빠르게 하게 된다.

교육대학원에 들어가려면?

교육대학원을 진학할 때에는 대학교 전공과 연관성이 있

는 학과에만 지원할 수 있다는 점을 주의해야 한다. 국문과를 졸업했는데 수학교육과를 가거나 문예창작과를 졸업하고 영어교육과를 갈 수는 없다. 국어교육과를 가고 싶다면 국문과, 문예창작과, 문헌정보과 등 연계된 학과를 이수해야 한다.

그런데 학과와 연계되지 않은 전공에 꼭 가고 싶다면 어떻게 해야 할까? 방법이 아주 없는 건 아니다. 대학에서 복수전공을 선택하거나 방송통신대학교에서 관련 학과를 이수하는 방법이 있다. 하지만 대학을 졸업하고 다시 방송통신대학교에서 관련 학과를 이수하는 데에는 몇 년의 시간이 걸린다. 그러니 대학교를 졸업한 뒤에 전공과 다른 과목의 선생님이 되고 싶다면 조금 힘들 수 있다. 의지를 갖고 할 수는 있겠지만 시간이 더 걸리기 때문에 아쉬움이 남을 것이다.

대학을 다니는 중 대학원 진학을 생각했다면 조금 더 구체적으로 알아보는 것이 좋다. 원하는 학과를 미리 결정하고, 목표하는 대학원을 두어 곳 정해두어야 한다. 전공과 다른 학과에 진학하고 싶다면 복수전공을 할 것인지 통신대학교를 이수할 것인지 결정할 수 있다.

목표하는 대학원을 정했다면, 각 대학원에서 어떠한 방법으로 신입생을 뽑는지 주의 깊게 살펴보아야 한다. 교육대학원에 들어가기 위해 가장 중요한 건 대학 때 학점이다. 성적 관리를 잘해서 좋은 점수를 확보해놔야 한다. 그밖에 영어 점수, 시험, 면접을 보는 곳도 많다. 해마다 모집 방법이 바뀔 수도 있으므로 긴장을 늦추지 말고 준비하자.

교육대학원에서는 무엇을 배우지?

교육대학원에 입학하는 학생은 크게 둘로 나누어 생각할 수 있다. 하나는 대학교 학생들이고 하나는 교사 자격증이 있는 학생들이다. 교사 자격증이 있는 경우는 교육대학교나 사범대를 졸업했거나 일반 대학교에서도 교직이수를 한 경우인데, 그중에는 이미 선생님으로 활동하고 있는 사람들도 많다.

이미 선생님으로 일하면서 교육대학원에 가는 경우는 보통 개인의 성과를 위해서이다. 또는 대학 때 배운 것 이상으로 더욱 깊이 있는 공부를 하고 싶어서 대학원에 진학하기도 한다. 대학원을 졸업하고 더 나은 직장으로 옮기기 위한 경우도 많다. 어떤 경우든지 실제 학교나 학원에서 학생들을 가르친 경험이 있으면 더 깊이 있게 공부할 수도 있다. 이들은 더 깊이 있게 연구를 하고, 논문을 내고, 업적을 이루는 것을 목표로 한다. 이러한 성과들은 진급에 영향을 미치고 더 나은 직장으로 옮기는 데에도 도움이 된다.

선생님으로 활동하지 않았더라도 자격증 취득을 위해 필수로 들어야만 하는 과목들을 모두 듣고 왔으니 일반 대학교에서 온 학생들에 비해서 대학원 과정이 조금 수월할 수 있다. 일반 대학교에서 교직이수를 하지 못하고 교육대학원에 진학한다면 시간을 잘 활용해야 한다. 2년 동안 정해진 학과 수업을 듣고, 교생실습을 하고, 국가 임용고시 준비를 해야 한다.

교육대학원 졸업 후 진로는?

교육대학원을 졸업하면 정교사 2급 자격증이 나오기 때문에 사립학교에 취업을 지원하거나 국가 임용고시에 응시할 수 있는 자격이 주어진다. 대부분 국가 임용고시를 준비해 시험을 보는 경우가 많고, 사립학교 시험이나 면접을 준비하기도 한다. 학교에 들어가면 공부한 만큼 인정을 받아 조금 더 나은 조건으로 직장생활을 시작할 수 있다.

선생님으로 일을 하다가 온 사람이라면 진급에 좋은 영향을 끼친다. 학원이나 기타 사설기관에서 선생님으로 일하다가 학교로 들어가는 경우도 있다. 더 좋은 학교로 이직할 수도 있다. 하지만 교육대학교나 사범대와 마찬가지로 교육대학원을 다니는 동안 적성에 맞지 않는다는 사실을 깨닫는 경우도 많다. 그런 경우에는 진로를 바꿔 임용고시

를 준비하지 않지만, 선생님이 되지 않더라도 대부분 교육
계열에서 일하게 된다.

교육대학원을 졸업하고 일할 수 있는 직업은 다양하다.
교육 관련 분야에서 교육학 연구원, 장학사, 문제집 저자
등으로 활동하거나 교육 관련 회사에 취직한다.

교직이수
(중·고등학교 선생님)

일반 대학교의 교직이수

교육대학교나 사범대를 다니지 않는데 대학원을 갈 시간적 여유가 없다면 어떻게 해야 할까? 그래도 선생님이 될 수 있는 방법이 있다. 각 대학의 전공 학과에 따라 교직이수가 가능한 경우가 있는데, 교직이수를 하면 정교사 2급 자격증을 받을 수 있다.

사범대나 교원대학교를 졸업했을 때 교원자격증을 받는 이유는 그 학교에 '교직과정' 수업이 있기 때문이다. 그런데 일반 대학교에도 학교와 학과에 따라 교직과정을 이수할 수 있다. 그리고 이 교직과정을 이수하면 일반 대학교 학생도 교원자격증을 취득할 수 있다.

일반 대학교를 다니면서 교직과정을 이수하고 싶다면 입

학 전 미리 조사해보는 것이 좋다. 모든 학교에 있는 것이 아니고, 또 학교에 교직과정이 있더라도 학과에 따라 이수가 안 될 수도 있다. 그러니 반드시 지원하고자 하는 대학 및 학과 홈페이지 등에서 확인해야 한다. 학과 사무실에 전화를 걸어서 물어볼 수도 있다.

만약 성적에 맞춰 들어간 과와 앞으로 가르치고 싶은 과목이 맞지 않는다면 복수전공을 하며 교직이수를 할 수도 있다. 그러나 대학교 입학 전부터 이런 계획들을 세우려면 주도면밀하게 조사를 해야 한다. 그리고 혹여 잘못된 정보로 후회하는 수가 생길 수 있으니 복수전공과 교직이수에 대해 해당 학교에 반드시 문의해서 확인해야 한다.

교직이수는 어떻게 이루어지지?

교직이수는 전공하고 있는 학과의 학업을 계속하면서 이수해야 하기 때문에 막연하게 시작했다가는 낭패를 보기 쉽다. 거기다 복수전공까지 선택했다면, 고등학생 시절보다 더 많이 공부해야 하는 운명을 받아들여야 한다.

교직이수를 하려면 우선 전공 학점에서 정해진 기본 이수 학과목 21학점(7과목) 이상을 받아야 하고, 교과교육 영역 8학점(3과목) 이상, 교직과목 22학점을 받아야 한다. 이후 교직 적성·인성검사를 2차례 통과하고, 응급처치 및 심폐소생술 실습을 각 3시간씩 2회 이상 이수하면 된다.

선생님에 대한 막연한 동경으로 시작하기에는 준비해야 할 것도 많고 해야 할 것도 많다. 그러니 대학 졸업 때 자격증 하나 갖겠다는 생각으로 섣불리 덤볐다가는 큰코다치기 십상이다.

학교에 따라서는 교직이수를 성적순으로 받을 수 있기도 하다. 성적이 좋지 않으면 신청할 수도 없는 것이다. 그러니 대학 입학 때부터 자신의 학교에서 어떻게 교직이수를 할 수 있는지 알아두고, 착실하게 성적 관리를 해야 한다.

잊지 말자. 선생님의 첫 번째 자격은 뭐니 뭐니 해도 학생을 사랑하는 마음이다. 교직이수를 하려면 이 모든 과정을 겪어낼 정도로 학생들에 대한 사랑과 선생님으로서의 사명감이 필요하다.

교직이수 이후 진로는?

교직이수 과정을 마치고 나면 사범대학과 마찬가지로 중등 정교사 2급 자격증을 받는다. 더 큰 학업의 꿈이 있다면 대학원에 진학할 수도 있다. 교직이수를 통해 정교사 2급 자격증을 받은 사람 중 교원으로서의 배움이 더 필요하다고 느낀 탓인지 교직이수 후 대학원에 진학하는 경우가 많은 편이다.

시험과 면접을 보고 사립학교 선생님이 될 수도 있다. 곧바로 국가 임용고시를 준비하는 경우도 많다. 임용고시를 치르고 국·공립학교 선생님이 되거나 공무원 시험을 준비해 교육 공무원이 되기도 한다.

선생님이 적성에 맞지 않더라도 전공을 살려 취업 준비를 하는 경우가 많다. 선생님은 적성에 맞지 않지만 교육 관련 분야는 적성에 맞는다면, 교육 관련 업계에서 일할 수 있다. 또는 참고서 전문 출판사에 취업하거나 문제집 저자가 되기도 한다. 대학 졸업 당시 자신의 상황이나 적성에 맞게 진로를 선택할 수 있다는 점은 교직이수의 큰 장점이다.

재미로 보는 선생님 적성 테스트

우리는 진로를 결정할 때 잘하는 것과 좋아하는 것 사이에서 고민하게 되는 경우가 많다. 선생님이 되고는 싶은데 적성에 맞을까 고민된다면 살짝 테스트를 해보자. 자신의 적성을 알게 된다면 앞으로 어떻게 준비하면 좋을지 생각의 물꼬가 열릴 수 있다.

다음 질문을 보고 해당되는 문항을 체크해보자. 체크한 문항 개수×10점이 적성지수다.

선생님 적성 테스트

문항	체크
❶ 다른 사람들과 함께 있을 때 에너지가 생긴다.	
❷ 책을 읽기 시작하면 끝까지 읽어야 직성이 풀린다.	
❸ 사람들 앞에서 발표하는 일이 즐겁다.	
❹ 무언가를 탐구하고 연구하고 싶을 때가 있다.	
❺ 친구가 문제를 못 풀어 끙끙대고 있을 때, 내가 아는 문제라면 기꺼이 설명해준다.	
❻ 아무리 단조로운 일도 끈기를 가지고 계속할 수 있다.	
❼ 일을 시작하기 전 신중하게 생각하는 편이다.	
❽ 나보다 약한 사람들을 도와야 한다고 생각한다.	
❾ 설명을 논리적으로 잘한다는 소리를 종종 듣는다.	
❿ 집에 오면 숙제부터 해놓은 다음에 논다.	
⓫ 공부를 할 때 예습과 복습은 필수라고 생각한다.	
⓬ 공부를 하다보면 더 궁금하고 알고 싶은 게 생긴다.	
⓭ 후배나 친구에게 모르는 문제를 설명해주면 뿌듯하고 기분이 좋다.	
⓮ 식당에서 큰소리로 떠드는 어린아이들을 보면, 아이들이기 때문에 그럴 수 있다고 생각한다.	
⓯ 친구들이 어렵거나 속상한 일이 있을 때 나에게 이야기를 하거나 조언을 구한다.	

★ 0~30점: "선생님과는 맞지 않아."

누군가에게 설명하는 일이 보람 있지도 않고, 앞에 나서서 발표하는 일은 더더욱 두려운 그대! 선생님은 영~ 아니올시다! 그래도 혹시 선생님이 되고 싶다면, 조금 더 노력해보자. 친구들 앞에서 발표도 씩씩하게 해보고, 주변을 둘러봐서 도움이 필요한 사람이 있으면 먼저 손도 내밀어보는 것은 어떨까? 무엇보다도 중요한 건 성실함이야. 예습과 복습을 철저히 하는 습관만 들여도 성실함의 반은 해결된다.

★ 40~70점: "선생님이 되려면 조금 노력해야겠네."

선생님이 되고 싶은 마음이 있는 거지? 몇 가지 맞지 않는다고 실망할 필요는 없어. 100% 완벽한 사람은 없어. 아주 조금만 노력하면 금방 선생님 체질이 될 것 같으니까 걱정하지 마!. 일단은 논리적으로 설명하는 연습이 필요해. 어떤 말을 하든 무슨 말을 할 건지 먼저 생각하고 어떤 순서로 말할 건지 생각하는 습관을 들여봐. 친구들에게 문제 풀이를 해주거나 동생들을 자상하게 보살펴주는 것도 선생님 연습이라는 사실 잊지 말고! 집에 오면 숙제부터 해놓는 거다, 꼭!

★ 80~110점: "선생님이 적성이야. 2%만 채워보자"

선생님이 적성에 맞지만 조금 부족한 그대! 선생님의 자질은 무엇일까 고민해보는 게 좋겠네. 지금 아주아주 딱 좋은데, 과연 부족한 2퍼센트는 무엇일까? 꼭 찾아야 해! 그리고 선생님의 자질 중 가장 중요한 건 끈기와 사랑이라는 걸 잊지 마. 공부를 할 때는 끈기 있게, 누군가를 가르칠 땐 사랑으로. 이거 굉~장히 중요하다! 그리고 사람들에게 말할 때 기왕이면 다정하면서도 예의 바르게 말하고!

★ 120~150점: "우아, 천생 선생님이구나!"

요리 봐도 선생님, 조리 봐도 선생님. 천생 선생님의 적성을 타고났구나! 누가 봐도 선생님이 적성에 딱 맞는 그대, 적성보다 중요한 건 노력이라는 것도 알고 있지? 적성에 맞다면 목표를 이루기 위해 열심히 노력해야 하는 거야.

그리고 앞에서 읽었으니 알겠지만, 선생님이 되기 위한 최고의 자질은 성실함이라는 것도 잊지 마. 물론 그대는 이미 충분히 성실하지만 말이야. 앞으로도 잘 부탁해, 미래의 최고 선생님!

3장
선생님으로
살아간다는 것

선생님의 하루
따라가기

선생님의 하루는 우리와 어떻게 다르지?

선생님은 일반 회사가 아닌 학교에서 근무하니 왠지 평범한 회사원과는 다른 일과를 보낼 것 같다. 선생님은 몇 시에 일어나서 몇 시에 잠이 들까? 하루 일정은 어떻게 흘러갈까? 교실에서 학생을 가르치지 않을 때에는 무슨 일을 하지? 선생님의 하루는 우리와 어떻게 다를지 너무나 궁금하다.

선생님에 따라 아침부터 오후까지 일하는 선생님이 있고, 저녁에만 일하는 선생님도 있다. 가르치는 대상이 가장 효율적으로 수업에 참여하고 새로운 정보를 받아들일 수 있는 시간과 일정에 따라 수업을 짜기 때문이다.

예를 들어 유치원 선생님은 아이들의 생체 리듬에 따라

수업시간을 정한다. 아이들은 저녁에 일찍 잠들고 아침에 일찍 일어나기 때문에 아침에 수업을 시작하고 너무 늦은 저녁까지 수업하지 않는다. 수업시간은 매우 짧은 편이며, 점심을 먹는 시간도 아이들의 생체 리듬에 맞춰 정확히 지켜진다.

대학교는 아침부터 저녁까지 운영되고 수업시간 또한 길다. 일반 학원은 어떨까? 성인을 대상으로 영어를 가르친다면 일반 성인들이 출근하기 전 새벽이나 퇴근한 후 저녁에 수업을 하게 된다. 어느 쪽이든 보통 회사원들이 아침 9시에 출근해 저녁 6시에 퇴근하는 것과는 다르다. 이렇게 선생님의 일정은 학생에게 맞춰진다.

선생님의 일과는 수업을 중심으로 쪼개진다. 요리에도 메인 요리가 있고 기본 반찬들이 있듯, 수업은 선생님의 일 중에서 메인 요리다. 메인 요리는 식탁 가장 중심에 멋있게 놓여 있어야 한다. 메인 요리를 중심으로 기본 반찬들을 늘어 놓는다. 메인 요리 앞에 백김치도 놓고, 옆에 멸치도 놓고, 뒤에 콩나물도 놓고. 콩나물과 멸치 사이에 시금치를 놓았다가 콩자반으로 바꿀 수는 있어도 메인 요리와 시금치를 바꿀 수는 없다. 이처럼 일단 수업시간이 정해지면 수업 앞뒤로 다른 업무들의 스케줄을 짜 넣는다.

앞서 언급했던 선생님의 업무들을 다시 떠올려보자. 수

업 준비, 수업, 학생이나 학부모 상담, 교무회의, 출결체크, 가정통신문, 시험문제 출제 등의 교무업무……. 수업과 업무들의 스케줄은 어떻게 조화를 이루고 하루가 흘러갈까? 어느 영어 교과 선생님의 일과를 따라가 보자.

선생님의 아침

한 주를 시작하는 월요일. 새벽 6시에 일어난 선생님. 아침 준비가 부산하다. 남편과 아들에게 간단히 밥도 차려주고 아들 등교 준비와 자신의 출근 준비를 함께 하려니 바쁘다. 초등학교 1학년 아들을 학교에 바래다주고 학교에 도착한 시간은 7시 50분. 학교 경비 아저씨와 반가운 인사를 나누고 나니 하루를 시작하는 기분이 난다.

자리에 앉아 오늘 할 일을 정리해본다. 아이들 쪽지시험 뭉치도 한쪽으로 챙겨두고, 걷어 왔던 숙제들도 검사한다. 오늘 수업이 몇 반 몇 반에서 있는지도 확인하고, 반별 진도도 되짚어본다. 곧이어 직원 조회가 시작된다. 직원 조회는 월요일 아침에만 있다. 교장 선생님의 말씀에 귀 기울이며 이번 주 계획, 아이들에게 안내해야 할 사항들을 교무수첩에 꼼꼼하게 받아 적는다.

회의가 끝나면 교무수첩을 들고 담임을 맡은 교실로 향한다. 교실로 향하는 복도가 아이들 목소리로 시끌시끌하다. 선생님의 입가에는 괜스레 흐뭇한 미소가 번진다. 어쩜 이리 신기하게도 아이들 목소리를 들으면 기운이 날까?

교실 앞문을 열고 들어서서 아이들에게 인사를 건넨다. 시끄럽게 떠들던 아이들이 조금 조용해졌지만, 그래도 웅성웅성한 소리는 멈추지 않는다. 아이들을 조용히 시키자 반장이 일어서서 인사를 한다. 조회 때 가장 중요한 일은 출결파악이다. 그런데 서윤이라는 학생이 결석을 했다. 다른 아이들에게 이상은 없는지, 반에 특별한 일은 없는지 확인하고 교무수첩에 적은 내용을 안내한다. 1교시 수업 준비를 시킨 뒤 교무실로 돌아온다.

잠깐 시간을 내서 결석한 서윤이에게 전화를 건다. 두 번 반복해 걸었지만 응답이 없다. 곧이어 1교시가 시작할 시간이다. 쉬는 시간에 전화를 걸기 위해 서윤이 부모님의 전화번호를 찾아두고 교실로 발걸음을 옮긴다.

오늘따라 아이들이 더욱 사랑스럽다. 아이들의 초롱초롱한 눈빛도 사각거리는 연필 소리도 그렇게 예쁠 수가 없다. 서윤이 부모님께는 2교시가 끝난 뒤에야 전화를 걸 수 있었다. 연속해서 수업이 있었고, 수업 준비를 하느라 시간이 나지 않았다. 서윤이는 오늘 열이 나서 학교에 못 나왔다고 한다. 오전에 병원에 다녀와서 지금은 약을 먹고 자고 있다는 얘기에 걱정이 된다.

수업 종이 울렸지만 수업이 없다. 교무실에 남아 교무 업무를 본다. 선생님은 이번에 생활기록부 작성 업무를 맡았다. 시간이 날 때마다 틈틈이 작성하지만 여간한 일이 아니다. 일을 많이 하지 못했는데 벌써 쉬는 시간 종이 울린다. 교무실에 걸린 시계를 한 번 올려다보고 다음 수업을 들어갈 반의 교재를 꺼내둔다.

막간을 이용해 생활기록부를 계속해서 작성하고 있는데, 누군가 "선생님" 하고 부른다. 연우다. 연우는 이번에 성적이 뚝 떨어졌다. 혹시 무슨 일이 있는 건 아닌지 걱정이 돼 불렀다. 작성하고 있던 생활기록부를 한쪽으로 밀어두고 연우를 옆자리에 앉힌다.

연우는 옷자락을 만지작거리기만 한다. 요즘 좋지 않은 친구들과 어울려 다닌다는 소문을 들었는데, 어떻게 얘기를 꺼내야 할지 고민이 된다. 연우의 까만 눈동자가 교복 끝에만 머물러 있다.

"중학교 때 친했던 친구들인데, 요즘 다시 만나게 됐어요."

연우는 공부도 잘하고 그동안 잘해왔으니 지금이 어쩌면 인생에서 중요한 시기일 수 있다고 말해준다.

"그 친구들을 꼭 만나야 할까?"

조심스럽게 묻자, 조용하고 차분하게 말을 하던 연우가 왈칵 울음을 쏟는다. 안쓰럽기도 하고, 반항하지 않고 울음을 쏟는 연우가 기특하기도 하다. 수업 종이 울려 연우와는 다음 상담을 약속하고 헤어진다. 교재를 챙겨 수업을 할 반으로 부랴부랴 뛰어간다.

선생님의 오후

수업, 상담, 수업 준비, 교무업무를 번갈아 하다 보니 어느덧 종례 시간이다. 교실로 들어가니 아이들도 지친 표정이 역력하다. 아이들은 지친 와중에도 선생님 말 한마디에 까르르 웃어준다. 힘든 하루를 보낸 아이들을 다독이고, 학부모에게 공지할 사항들을 안내한다. 아이들이 잊지 말아야 할 일들을 한 번 더 짚어주면 종례가 끝난다.

아이들이 교실에서 빠져나가고 나면, 청소 당번 아이들과 함께 교실에 남는다. 청소를 지도하고 교무실로 내려오면 몸이 녹지근하다. 기지개를 한 번 펴고 아직 마무리하지 못한 일들을 꺼내놓는다.

교무실에 선생님들이 모두 모이고, 전체회의가 시작된다. 얼마 남지 않은 수학여행 때문이다. 이번 여행 주제는 어떻게 잡을지, 여행지는 어디가 좋을지, 일정은 어떻게 할지, 이동은 어떻게 할지, 특별한 프로그램은 무얼 넣을지,

밥은 어떤 메뉴로 먹을지 등의 세세한 이야기들이 오간다.

일 년에 한 번씩 가는 수학여행이라 귀찮은 기색이 역력한 선생님도 있고, 살짝 들떠서 즐거워하는 선생님도 있다. 귀찮은 쪽의 선생님은 '뭘 하든 그게 그거지, 아무렇게나 하자'는 식이고, 즐거운 쪽의 선생님은 소소한 아이디어들을 계속 풀어놓는다. 이번 회의에는 재미있는 아이디어가 많이 나왔고 일정이나 식사, 이동방법 등의 구체적인 사항들도 명확하게 이야기가 잘 되어서 아이들과의 수학여행이 더욱 기대된다.

회의가 끝나면 선생님들도 일과를 마무리한다. 선생님은 마지막 반의 쪽지시험지를 어떻게 할까 잠깐 고민하다가 잘 정리해 가방에 넣는다.

선생님의 늦은 밤

집에 와 밥을 먹고 잠시 쉬니 벌써 날이 어둡다. 일하는 시간과 일하지 않는 시간을 딱 분리할 수 있으면 좋으련만, 선생님은 마치 부모와 같아서 아이들을 마음에서 떼어놓기가 쉽지 않다. 챙겨온 아이들 쪽지시험지를 꺼내고 앉아 채점을 시작한다. 시험지에 동그라미가 그려질 때마다 기분이 좋다.

"아이고, 이 녀석은 이거 또 틀렸네."

"오~ 백점! 잘했어."

"미연이는 맨날 여기서 헷갈리는구나. 내일 다시 가르쳐 줘야겠네."

혼잣말을 하며 동그라미와 빗금을 그려나간다. 답지를 채점하다 보면 학생들의 면면이 보인다. 어쩜 그렇게 아이들 성격이 그대로 드러날까. 마치 아이들과 마주하고 있는 것 같다.

아이들에 따라 모르는 답은 하얗게 빈 상태로 두거나 억지로 답을 끼워 맞춰 쓴다. 편지를 쓰기도 한다. 하트를 수없이 그려 넣거나 느닷없이 "선생님, 사랑해요" 같이 엉뚱한 답을 써넣기도 한다. 선생님의 입가에 미소가 번진다. 그러다 잠시 멈칫, 연우의 시험지를 앞에 두고 생각에 잠긴다. 연우는 이번에도 점수가 형편없다. 마음이 무겁다.

교실 밖에서
하는 일

선생님은 교실 밖에서도 일을 해

학교 선생님 대부분의 출·퇴근 시간은 아침 8시와 4시 30분이다. 학원이나 문화센터와 같은 사설 기관은 출·퇴근 시간이 다르겠지만, 어쨌거나 선생님에게 학교나 기관은 그것이 정해져 있는 회사이다.

출·퇴근 시간이 정해져 있다는 건 일을 시작하는 시간과 끝나는 시간이 있다는 뜻이다. 선생님은 일이 시작하는 시간과 끝나는 시간에 맞춰 근무를 한다. 근무를 하는데 중간중간 빈 시간은 있을 수 없다. 그렇다면 선생님은 교실에서 수업하지 않을 때에는 무슨 일을 할까?

선생님들을 하나같이 이렇게 말한다.

"수업시간에는 아이들하고 같이 있어서 즐겁기라도 하지

요. 교실 밖에서 하는 일이 더 힘들어요."

교실에서 수업하는 것보다 교실 밖에서 일하는 시간이 더 힘들다니, 교실 밖에서 무슨 일을 하는 걸까? 선생님이 교실 밖에서 하는 일을 살펴보자.

유익한 수업 준비하기

선생님이 시간을 가장 많이 들이는 일은 교과 연구와 수업 준비이다. 교과 연구와 수업 준비를 얼마나 열심히 하느냐에 따라 수업의 질이 달라지기 때문이다. 선생님의 목표는 학생들에게 최선의 교육을 제공하는 것이다.

수업 준비를 하기 위해서 가장 중요한 건 우선 학생이 배울 부분이 무엇인지 파악하는 것이다. 선생님은 학생이 배워야 할 부분을 먼저 공부한다. 공부하면서 더 어려운 부분과 덜 어려운 부분, 더 중요한 부분과 덜 중요한 부분을 나눈다. 교재에는 나와 있지 않지만 더 알아야 할 부분, 교재에 나와 있지만 보지 않아도 될 부분도 알아둔다. 교재의 처음부터 끝까지 수업시간에 어떻게 설명을 해나갈지도 연구한다.

가르칠 부분을 공부하고 나면 수업 개요를 짠다. 수업 개요는 수업을 시간별로 나눠 일종의 계획표를 짜는 것이다. '처음 5분간은 오늘의 수업 예고, 그다음 학생들에게 질문'

과 같은 식이다.

효과적인 설명 방법을 생각해내거나 이해를 도울 자료를 선별하는 것도 이 과정에서 이루어진다. 자료를 찾아 정리하고 보기 좋게 만들기도 한다. 학생들에게 알려주기 위해서 쉽게 외우고 기억하거나, 풀게 할 수 있는 방법도 연구한다. 유치원이나 문화센터 선생님 또는 그 외 과목에 따라 수업에 활용할 교구를 만들기도 한다.

학생들에게 시험을 보게 하는 것이 좋을지 숙제를 내주는 것이 좋을지 숙제를 내준 뒤 시험을 보는 게 좋을지도 결정한다. 숙제나 시험은 학습에 효과적인 유형을 고르고, 더 보면 좋을 책이나 활동도 연구한다.

생활 태도 가르치기

선생님이나 부모님이 생활 태도를 가르쳐주실 때 그저 잔소리라고 생각했다면 오산이다. 생활 태도나 습관은 학습에 정말 큰 영향을 끼친다.

매해 나오는 수능 만점자들이 공통적으로 하는 말이 있다. "학교 수업을 성실하게 들었고 예습·복습을 철저히 했습니다." 수능 만점자들은 하나같이 "공부가 세상에서 제일 쉬웠어요"라고 한다. 하지만 사실 학교 수업을 그대로 소화하는 건 생각보다 어려운 일이다. 아주 큰일을 해야 해서가 아니라, 사소한 생활 태도들을 우직하고 성실한 자세로 변함없이 임해야 하기 때문이다.

집에 오면 숙제를 먼저 해놓거나 자기 전에 가방을 먼저 싸놓는다거나, 부모님이나 선생님 말씀을 경청하는 사소한 습관이 학생의 성적을 다르게 만든다. 이것은 비단 성적뿐만이 아니다. 학생은 학교를 졸업하고도 잘 살아갈 수 있어야 한다. 이러한 사소한 습관들은 사회에서 한 인간이 성실히 살아갈 수 있는 토대가 된다.

"안에서 새는 바가지, 밖에서도 샌다"는 말이 있다. 학교에서 옷을 불량하게 입고 다니는 학생이 학교 밖에서 옷을 단정하게 입고 다닐 리 없다. 단정한 옷차림은 생활습관, 삶의 태도를 만든다. 학교에서 매일 지각하는 학생은 나중에 사회에 나가서도 지각을 할 가능성이 많다. 취업을 하자마자 갑자기 태도가 바뀌어 미리 출근해서 맡은 일을 척척 해낼 가능성은 크지 않다.

선생님은 지식이나 기술도 전달하지만 한 사람을 온전한 인격체로 만드는 데에도 책임과 의무가 있다. 선생님은 학교 안에서는 학생이라는 이름으로 그들을 보호하고, 학교를 떠나 한 사람으로서 홀로 섰을 때 당당하게 잘 살아가기를 응원한다.

학부모, 학생 상담하기

생활 태도나 학습에 문제점이 있을 때 선생님이 오롯이 교육하기는 어렵다. 교육은 보호자·학생과 이야기를 많이 나누고, 공감하고, 같은 목표를 세울 때 제대로 된다. 매일 숙제를 안 해오는 학생이 있다고 가정해보자. 선생님은 그 학생이 숙제를 해올 수 있도록 지도하고 싶을 것이다. 그런데 선생님 혼자 학생을 혼내는 것만으로 얼마나 개선될 수 있을까? 집에서 보호자가 숙제를 잘 끝낼 수 있도록 지켜보고 지도하며, 학생 스스로도 숙제를 해야 할 필요성을 느껴야 할 것이다.

또 학교생활, 가정생활, 교우관계 등에 대해서도 많은 대화가 필요하다. 집에서 보호자가 학생의 숙제를 봐줄 시간이 있는지, 학교에서 학생이 어떤 태도를 취하고 있는지, 어떤 친구들과 어울리고 친구들과 무엇을 하고 노는지는 선생님, 보호자, 학생이 공유하고 많은 대화를 나눠야 한다.

학생에게 고민이 있거나 문제가 생겼을 때, 이를 해결해줄 수 있는 사람 또한 선생님이다. 선생님은 학생이 기댈 수 있는 어른이거니와 학생을 보호하고 인도해야 할 의무가 있다.

'소라'라는 아이가 있었다. 소라는 엄마와 둘이 살았는데, 엄마가 장사를 하느라 소라를 돌볼 틈이 없었다. 소라는 어쩌다 보니 불량한 친구들과 어울리게 되었다.

친구들이 하나둘 자퇴를 해서 학교에 남은 친구가 없게 되자 소라도 학교에 다니기가 싫었고 급기야 본인도 자퇴를 하고 싶다고 말했다. 학교에 정을 붙이지 못했고, 당연히 성적은 바닥을 쳤다.

그런 소라의 마음을 알았는지 담임 선생님은 매일 하교 후 교무실에서 소라를 만나 상담을 했다. 선생님과 상담을 시작한 지 한 달쯤 뒤부터 소라의 표정이 밝아졌다. 학교에도 열심히 나오기 시작했다. 시간이 지나면서 소라 마음속에 꿈이 생겼다. 담임 선생님 같은 선생님이 되고 싶었다. 소라는 그 꿈을 향해 열심히 노력했고 결국 사범대에 진학했다.

지식과 기술을 가르치는 일은 아무라도 할 수 있다. 하지만 학생 하나하나 애정을 갖고 들여다보면서 한 사람의 인생을 지지하는 일, 그것은 선생님만이 할 수 있다.

시험 문제 내고! 행사 준비하고!

그 외에도 학생들의 출결 사항 관리, 입학이나 수학여행과 같은 학교 행사, 시험문제 출제, 생활기록부 작성 등의 교무업무가 있다. 이러한 교무업무는 한데 모아 부서별로 처리하고 있다.

교무실은 일반 회사처럼 부서가 나뉘어 있다. 교무부, 안전생활부, 교육과정부, 진로상담부, 언어교육부, 연구부, 교육정보부, 교과지원부, 환경과학부, 문화인성부 등등 학교마다 조금씩 차이가 있기는 하지만 다양하다. 선생님들은 각자 이 부서 중 하나에 속해 있다. 각 부서에서 해야 할 업무들이 있고 이를 선생님들이 맡아서 하게 된다.

대체적으로 교무부에서는 학교 업무를 총체적으로 처리한다. 안전생활부는 학생들의 안전을 책임지고, 교육과정부는 교육과정을 논의하고 편성한다. 그 외에도 생활지도, 출결사항 관리하기, 시험문제 내기, 가정통신문과 생활기록부 작성하기 등의 일들을 각 부서에 속한 선생님들이 처리한다.

물론 선생님에 따라서는 교무업무를 잡무라고 부르기도 한다. 교무업무가 힘들고 일이 너무 많다고 느끼기도 한다. 그러나 이러한 교무업무가 잘 돌아가야 수업이 매끄럽게 진행되고, 아이들 교육의 질이 높아진다. 교무업무는 수업을 잘 진행하기 위해 반드시 필요한 일이다. 수업이 중요한만큼 교무업무 또한 중요하다는 점은 누구도 부인하지 못할 것이다.

인기 있는 선생님이
되고 싶다고?

선생님도 스타성이 필요해

선생님과 스타는 전혀 다른 존재처럼 느껴진다. 선생님을 생각하면 보통 단정한 옷, 단정한 머리 스타일, 단정한 화장에 성격은 차분하고 지적인 이미지를 떠올리게 된다. 이에 반해 스타는 화려하다. 대중의 이목을 받고 싶어 한다. 입는 옷, 머리 스타일, 화장법……, 무엇 하나 선생님과 공통점이 없어 보인다.

그런데 스타성이란 무엇일까? 대중에게 인기를 얻는 능력, 사람들을 자신에게 주목시키고 자신이 무대에 서 있는 동안 자신만을 바라보며 공감하게 만드는 능력이다. 그럼 다시 생각해보자. 아주 소심해서 학생들 앞에서 쭈뼛쭈뼛하는 선생님과 화려한 제스처와 표정으로 자신 있게 설명하는 선생님 중 누가 더 학생들을 잘 이해시킬 수 있을까?

수업시간에 학생들을 집중시키고, 설명을 잘 듣게 하는 것도 선생님의 능력이다. 차분하고 조심스러운 선생님도 좋지만 화려하고 재미있는 선생님도 좋다. 그런 선생님들은 말주변이 좋고 사람들 앞에 서는 것에 부끄러움이 없다. 학생들을 자신에게 주목시키고 공감을 이끌어낸다. 거기에다가 학생들 성적을 끌어올려 주면 금상첨화다. 그런 선생님들을 '스타 강사'라고 부른다.

요즘은 스타의 칭호를 얻고 교실에서 벗어나 전국을 누비는 선생님들이 많다. 유튜브를 이용해 전 세계적인 스타가 되기도 한다.

하지만 가만히 수업만 한다고 스타가 되는 것은 아니다. 텔레비전에 나오는 아이돌도 끊임없는 노력과 연습의 결과라고 하지 않던가. 선생님 또한 끊임없는 노력과 연습으로 반짝반짝 빛나는 별이 될 수 있다.

인기 있는 선생님은 어떻게 될까?

요즘 학생들은 인터넷 강의를 많이 듣는다. 그래서 인터넷에서 강의하는 선생님이 스타가 되는 경우가 많다. 예전에는 대형학원 선생님이 스타가 되는 경우가 많았다. 학생이 많이 찾아오는데 수업을 잘하면 그만큼 좋은 성과를 낼 수 있기 때문이다.

인터넷 강의든 오프라인 강의든 가장 중요한 건 합격률과 성적 상승이다. 결국 학생들이 어떤 결과를 얻느냐가 강사의 능력이라고 평가받는 것이다.

스타 강사가 되기 위해서는 본인의 수업을 듣는 학생의 수가 많아야 한다. 입소문을 타고 너도나도 수업을 신청해서 자리가 없을 지경이 되어야 한다. 그러려면 일단은 사람을 많이 모으는 것이 중요하다. 사람을 어떻게 모을 것인지 고민하는 것, 그것이 스타 강사의 시작이다.

스타 강사 김미경 선생님의 이야기를 들어보자. 김미경 선생님은 당시 코로나19로 인해 모든 강의가 취소됐다고 한다. 하지만 오프라인으로 사람들을 만나지 못하면 유튜브로 만나자는 생각을 했다.

한 인터뷰에서 그녀는, 강사 일을 시작하고 그 일로 먹고 살 수 있게 되기까지 10년 이상이 걸렸다고 한다. 먹고사는 일에 대한 절박함이 있었기에 가능했다고 말한다. 집도 사고 애들도 키워야 하니 잘 때 빼고는 일만 했다고 털어놓았다. 그녀의 절박함은 위기를 기회로 만들고, 좋아하는 일로 먹고살 수 있도록 해주었다. 그렇게 위기를 기회로 삼아 다시 사람들을 모으고 여전히 1인자로 강단에 서고 있다.

어떠한 상황이든 일단 본인의 강의를 들을 사람들을 모

집해야 한다. 아무도 없는데 수업을 할 수는 없다. 되도록 많은 사람이 강의를 찾게 만드는 것, 그것이 스타 강사의 시작이다. 온라인에서 수업을 할지, 대형학원에서 수업을 할지도 반드시 결정하고 나가야 할 과제이다. 많은 학생이 찾는 선생님이 되기 위해서는 어떻게 해야 할까? 인터넷 강의 업체, 대형학원, 또는 관공서나 문화센터를 통해 스스로 학생들을 찾아다닐 수도 있다.

그러니 스타 강사가 되고 싶다면 우선 뛰어들어라. 최선을 다해 자신을 표현하고, 사람들을 모아라.

대범하고 끼가 있는 친구들 모여!

선생님의 근엄하고 차분한 이미지와는 거리가 먼데 선생님이 되고 싶다면? 선생님이 꼭 되고 싶은데 선생님 이미지에 맞지 않게 지나치게 밝다는 소리를 듣는다면? 스타 강사가 될 수 있는 가능성이 충분하다. 친구들을 모아놓고 이야기하는 게 즐겁고, 자신의 말에 반응해주는 사람들을 보는 것이 행복하다면 스타 강사의 자질이 있는 것이다.

같은 이야기도 어떻게 전달하고 표현하면 친구들이 집중하는지 알고 있는 사람이 있다. 같은 것을 설명해도 학생을 이해시킬 방법을 알고 있다. 거기다 학생들이 재미있어 하는 포인트도 알고 있다. 같은 설명을 해도 친구들이 잘 알아듣고 사람들 앞에서 우스꽝스러워지는 것도 불사하지 않는다면, 학교 안에서 안정적으로 가르쳐도 좋겠지만 스타 강사를 꿈꿔보는 것도 좋겠다.

스타 강사는 늘 많은 사람들을 상대해야 한다. 애초에 낯을 많이 가린다거나 사람들이 무슨 생각을 하는지 모르겠다거나 무언가를 설명할 때 신이 나지 않는다면 조금 더 고민을 해보아야 한다. 선생님이라면 혼자 공부하고 준비하는 시간도 많지만, 많은 학생의 눈동자를 수업시간 내내 집중시키는 건 타고난 끼가 있어야 가능하다.

스타 강사를 위한 준비는 따로 필요해

학교에서 교편을 잡고 있다면 학교 학생들에게 인기 있는 정도로 끝날 수 있다. 하지만 스타 강사가 되고 싶다면 공무원 신분으로 얻을 수 있는 경제적 안정을 과감하게 포기해야 한다.

이제 스타 강사가 되는 방법을 알아보자. 스타 강사가 되기 위해서는 전 국민을 상대로 강의를 해야 한다. 그러니 가능하다면 큰 회사에 취직하는 것이 좋다. 온라인 강의도 할 수 있고, 전국을 누비며 다양한 주제로 강의도 할 수도 있다. 스타 강사가 되기 위해서는 많은 사람들이 참여할 수 있는 공간을 찾아야 한다. 유명학원이나 인강에서 인지도를 쌓는 것도 좋다. 그리고 학생들의 점수를 올리거나 합격률을 높여줘야 한다. 이렇게 수강생이 점점 많아지면 스타 강사가 된다.

좋은 강사는 얼마나 진심을 다해 열성적으로 준비하느냐에 달려 있다. 발성 연습을 꾸준히 해야 하고, 수업 리허설도 여러 번 한다. 강의를 한 편의 공연이라고 생각해야 한다. 강의 개요를 자세히 짜고, 어느 부분에서 어떤 메시지를 던질 것인지도 자세히 계획한다. 거기에 스타 강사는 강약 조절, 눈빛의 변화, 감정의 깊이 등까지 철저하게 준비하고 연습한다.

스타 강사의 두 가지 법칙

누구라도 마음만 먹으면 스타가 될 수 있다. 만약 스타 강사가 목표라면 열심히 연습하면 할 수 있다. 여기 스타 강사의 두 가지 법칙을 소개한다.

첫째, 쉬운 언어를 사용한다.

스타 강사가 되려면 많은 사람들을 이해시켜야 한다. 어려운 단어를 사용해서는 다양한 사람들을 이해시킬 수가 없다. 유치원을 다니는 아이가 들어도 이해할 수 있을 법한 쉬운 단어만 사용한다. 아무리 재미있고 알찬 내용도 듣는 사람이 이해하지 못하면 꽝이다. 일상 속 단어들만 사용해 설명하고 표현해야 많은 사람들을 이해시킬 수 있다. 평소 쉬운 단어로 설명하는 연습을 해보면 도움이 된다.

둘째, 모두가 공감할 수 있는 예를 찾는다.

실제 예를 들어 설명하면 좋다. 이론만 읽어주는 것보다 이야기로 풀어주는 것이 상대방을 이해시키는 데 효과적이기 때문이다. 사람들은 이론이나 공식보다 이야기를 잘 기억하고, 이야기를 들을 때 재미있어 한다. 주의할 점은 평범한 사람에게 있을 법한 평범한 이야기를 골라야 한다는 것이다. 평범한 이야기 속에 감동이 있다면 귀에 쏙쏙 들어오고 가슴에 남을 것이다. 이야기는 가슴에 남아야 기억이 오래 가는 법이다.

스타 강사를 꿈꾼다면 지금부터 조금씩 노력해서 꿈을 향해 다가갈 수 있다. 자, 이제 차분히 계획을 세우고 한 발 한 발 나아가자.

선생님의
좋은 점과 힘든 점

선생님이라는 직업에는 장점이 많아

선생님이라는 직업이 매해 설문조사에서 학생들과 학부모가 선호하는 직업 1순위에 오르는 데에는 여러 가지 이유가 있을 것이다. 선생님이라는 직업이 갖고 있는 장점은 무엇이 있을까?

우선 선생님에게는 법적으로 보장받는 기본적인 권리가 있다. 다른 직업들에 비해 특별하게 선생님만 법적으로 권리를 인정받는다는 점을 생각해보자. 선생님이라는 직업은 그만큼 안정적인 근무환경에서 일하며, 특별한 직업으로 인정받는다는 것을 알 수 있다.

교원의 권리는 크게 두 가지이다. 하나는 교원으로서 활동에 전념할 수 있도록 여건을 조성받을 권리이고, 다른 하나는 교원으로서 신분을 인정받을 권리이다. 선생님은 자율적인 분위기 조성, 생활 보장, 근무조건 개선, 복지후생 제도 등과 신분 보장, 교권침해 방지 등의 권리를 법적으로 보호받고 있다. 선생님이라는 직업을 자녀에게 적극 추천하는 부모님들이 많은 이유도 여기에 있다.

거기다 예나 지금이나 선생님을 '결혼한 사람에게 좋은 직업'으로 꼽는다. 결혼을 하면 가사와 육아에 시간을 많이 뺏길 수밖에 없는데, 일을 하면서 가사와 육아를 한다는 것이 생각처럼 쉽지만은 않다. 그러니 일이 지나치게 많거나 직장에 시간을 너무 많이 들여야 하는 직업은 좋은 직업이라 하기 어렵다.

선생님은 정해진 퇴근 시간이 빠른 편이고, 추가 근무가 거의 없다. 꼭 해내야 하는 프로젝트가 있다거나 회사 내 경쟁이 치열한 것도 아니다. 삶과 일에 균형이 필요한 사람에게 특히 좋은 직업이다.

안정적인 직업

옛날부터 선생님이 인기 있는 직업이었던 건 아니다. 예전에는 우리나라가 아주 빠르게 경제 성장을 하고 있어서 조금만 열심히 일하면 돈을 많이 벌 수 있는 직장이 많았다. 그때는 나라의 경제가 성장하는 만큼 개인도 부를 축적

할 수 있었기 때문에 돈을 많이 벌 수 있는 직업이 인기가 있었다. 그때는 복리후생은 회사에서 지원해주지 않아도 돈을 많이 벌면 개인적으로 가질 수 있는 것이라고 생각했다. 과거에는 선생님의 월급이 많지 않다는 인식이 컸기 때문에, 직업으로서 인기를 끌지 못했다.

그런데 1997년 우리나라는 외환위기를 맞았다. 당시 많은 기업이 문을 닫거나 규모를 줄였다. 회사가 없어지니 취직하기가 어려웠고, 회사에 다니고 있던 사람들도 일을 그만둬야 했다. 회사를 계속 다니고 있는 사람들은 전보다 적은 급여를 받아야 했다. 모두 다 같이 허리띠를 졸라야 하는 상황이 되었다. 회사 취업은 더 이상 많은 돈을 벌기도 어렵고, 안정적인 수입을 기대하기도 어렵게 되었다. 사람들은 열심히 일해도 돈을 벌지 못할 수 있고, 돈을 벌 수 있는 일자리 또한 영원하지 않다는 사실을 알게 되었다.

일반 회사들의 월급은 줄었고, 근무여건을 열악해졌으니 회사의 인기는 시들해졌다. 그마저도 취업이 쉽지 않았고, 취업한다 해도 회사가 영원한 안식처가 되어줄 수 없었다. 회사 사정이 좋지 않으니 직원을 많이 고용하지 못해 한 사람이 감당해야 할 일은 많아졌다.

이러한 상황에서 선생님의 인기가 치솟았다. 가장 큰 이유는 안정적인 직장이라는 점이다. 선생님 가운데서도 학교에서 일하는 교원이 여기에 해당된다. 그들은 국가 공무원이기 때문에 정년을 보장받고 퇴직 후 연금을 받는다. 한 번 취직하면 개인의 사정으로 그만두지 않는 한 평생 생계를 보장받을 수 있다.

개인 시간이 많다?

우리나라 사람들은 원체 성실하고 부지런하다. 외환위기 이전에도 최선을 다해 열심히 일하며 살았기에 한강의 기적을 이루어낼 수 있었다. 그런데 외환위기 이후 회사에서 근무 강도가 더욱 높아졌다. 회사가 직원 수를 줄인 만큼 적은 인원이 전보다 더 많은 일을 해내야 했기 때문이다.

일이 적다가 많아져도 힘들 판에, 원래 열심히 일했는데 더 열심히 일하라고 하는 격이 되었다. 직장인들에게 개인 시간이 없어져버린 것이다. 새벽에 출근해 다음날 새벽에 퇴근하기도 하고, 주말에도 쉬지 못하는 경우가 많았다. 집은 그저 잠을 자는 공간이 되어버리고, 회사에서 일만 하다가 인생을 전부 흘려보내는 사람들이 많아졌다.

그런데 회사에서 일만 하다 인생의 대부분을 흘려보낸다면 너무 허탈하지 않을까? 사람에게는 일하는 시간보다 개인 시간이 더 많아야 하지 않을까? 사람들은 더 이상 회사에 희생하기를 원하지 않았다. 그리고 개인 시간을 많이 가질 수 있는 직업을 동경하기 시작했다. 이제 많은 사람들이 일과 생활의 균형을 중요시하게 된 것이다.

선생님은 '일과 생활의 균형'이 비교적 잘 잡힌 직업이라고 할 수 있다. 선생님은 퇴근 시간이 정해져 있고, 특별한 행사로 인한 회의 등이 잡히지 않는다면 대부분 오후 4시 30분에 퇴근한다. 일반 직장에서는 정해진 퇴근 시간이 대부분 6시이고, 그나마 시간에 맞춰 퇴근하는 일이 드물다. '칼퇴근'이라는 말은 6시가 되자마자 퇴근하는 것을 말한다. 그만큼 정시에 퇴근하는 일이 드물기 때문에 생긴 말이다. 이런 상황이다 보니 선생님의 빠른 퇴근 시간은 엄청난 장점 중 하나이다.

게다가 아이들 방학에는 선생님도 방학이다. 그래서 가정생활을 하며 일하기에 좋은 직업이다. 예를 들어 육아를 하며 직장생활을 한다면 하루의 대부분을 회사에 묶여서는 곤란하기 때문이다. 선생님은 아침에 아이를 어린이집에 맡기고 출근해서 퇴근해 아이와 함께 저녁을 보낼 수 있는 직업이다. 거기에 아이 방학 때 부모가 같이 방학이고, 출산 휴가도 잘 보장되며 육아 휴직도 3년을 사용할 수 있으니 이러한 면에서 1등 직업일 것이다. 덧붙여 말하자면, 육아 휴직을 사용해도 휴직 기간이 호봉에 포함된다. 3년을 쉰 뒤 복직해도 3호봉이 올라가 그대로 승진되고 급여도

오른다.

근무 환경이 좋다!

선생님이라는 직업에는 존경이 따른다. 그저 '선생님'이라는 세 글자 덕분에 어디를 가도 존경을 받는 분위기다. 특히 우리나라에서는 선생님이라는 직업이 인기가 많다 보니, 어디를 가든 인정을 받는다.

또 선생님은 학창 시절에 내신 관리도 잘하고 성적이 상위권이었던 명석하고 성실한 사람이라는 이미지도 강하다. 일하는 동안에도 학부모나 학생 모두 선생님을 하대하거나 무시하는 일이 거의 없다. 오히려 대부분 존중받고 존경받는다. 일터에서 만난 사람들에게 존중받으며 일하는 것만큼 좋은 근무환경은 없다.

동료 간에도 다른 직종보다 경쟁이 덜 치열하다. 그렇기 때문에 가르치는 일이 적성에만 맞으면 즐겁게 일할 수 있다. 대부분 회사는 동료 간에 경쟁하거나 시험을 통해 진급한다. 회사에서는 진급하는 일이 바늘구멍을 통과하는 것과 같아서, 시간이 지난다고 해서 저절로 진급되는 일은 드물다. 만년 대리로 남아 있기도 하고, 만년 과장으로 멈춰있다가 그대로 퇴사하는 경우도 있다. 같이 입사한 동료가 승진하는 동안 자신의 직급이 낮게 머물러 있다는 건 이만

저만한 스트레스가 아니다.

하지만 선생님은 근무 연차가 올라가면 저절로 호봉이 올라가고, 호봉이 올라가는 만큼 급여도 올라가며, 별다른 평가 없이 그대로 승진한다. 주변 동기나 선·후배와 경쟁하지 않으니 분위기는 화기애애하고, 서로 도우며 일할 수 있다. 심지어 육아휴직을 사용하고 복직해도 쉰 기간만큼의 호봉이 올라가니, 신의 직장이라고 불릴 만하다.

또한 직장상사, 동료, 후배들에게 스트레스 받으며 일하는 일반 직장인과 달리, 선생님은 일하는 동안 아이들에게 좋은 에너지를 받는다. 교실 안은 또 하나의 가정이다. 선생님 본인이 교실 분위기를 어떻게 만드느냐에 따라 따뜻하고 편안한 환경에서 근무할 수 있다. 선생님이 아이들에게 사랑을 많이 쏟으면 그만큼 사랑이 되돌아온다. 학생들에게 사랑을 듬뿍 받으며 일할 수 있고, 성장해가는 아이들을 보며 보람을 느낄 수 있는 것도 선생님만이 가질 수 있는 특징이다.

선생님의 위상이 떨어진 요즘

그러나 요즘은 선생님에 대한 인식이 조금 변했다. 예전에는 선생님이 단순히 학생을 가르는 사람이 아니라, 그 시대를 대변하고 이끄는 사람이라는 인식이 컸다. '군사부일

체'라는 말처럼 임금과 부모 같은 존재였다. 선생님께 반항한다는 건 있을 수도 없는 일이었고, "선생님은 그림자조차 밟지 않는다"라는 속담이 있을 정도였다.

요즘 학부모나 학생은 선생님을 어떻게 생각할까? 선생님이 어른이기 때문에 조심하기는 하지만 존경하는 태도를 보기가 어렵다. 선생님을 하나의 직업이자 동등한 인격체로 인식하기 때문이다. 게다가 아장아장 걸을 때 처음 접한 선생님은 마냥 다정하게 먹여주고, 입혀주고, 화장실 뒤처리까지 해주던 분이 아닌가.

한 초등학교 선생님의 웃지 못할 이야기를 하나 소개해 본다.

"하루는 수업을 하고 있는데 어떤 친구가 애타게 저를 부르는 거예요. '왜?' 하고 물어보니 '선생님, 연필이 떨어졌어요. 연필 좀 주워주세요'라고 하는 거예요. 아이가 귀엽기도 하면서 한편으로 무엇이든 하나하나 챙겨줘야 하는 요즘 아이들이 걱정되기도 했어요."

학생이 선생님을 무섭게 생각하기보다는 보호자로 생각한다는 것에는 장점도 있지만 단점도 있다. 요즘 초등학교에서는 선생님들이 고학년보다 저학년 담임을 선호할 정도라고 한다. 물론 자기 생각을 얘기하는 것이 잘못된 일은 아니지만, 점차 자기주장을 넘어 반항하거나 이탈하는 등의 문제가 빈번하게 생겨나고 있다는 점은 생각해봄 직하다. 또한 자신의 아이만을 생각하는 일부 부모들의 지나친 요구 때문에 스트레스를 받는 경우도 많이 있다고 한다.

아이들이 반항하면 선생님도 괴롭다

이제는 선생님들도 세대가 바뀌었다. 80년대생 젊은 세대가 주를 이루고, 90년대생도 선생님이 되었다. 80년대생과 90년대생은 기존의 가부장적 사고에서 많이 벗어난 세대이다. 평등과 개인의 자유가 익숙한 이들이기에 이제 선생님들은 학생과 선생님을 평등한 인격체로 생각하고 있다. 선생님이라고 대접받으려고 하는 사람도 줄고 있다. 그럼에도 교권이 실추되고 선생님이 존중받지 못하는 풍토는 학생들을 가르치는 일을 어렵게 만든다.

교권이란 무엇일까? 교사로서 인정받는 리더십이다. 아이들을 통솔할 수 있는 권리이며, 이는 학생과 학부모의 인정으로부터 나온다. 학생과 학부모가 교사의 리더십을 인정하지 않는다면, 선생님이 아이들을 통솔하는 데 어려움이 있을 것이다.

더구나 아이들은 아직 미성숙하다. 아이들이 성장해나가는 상황에서는 다양한 일들이 생긴다. 아이들은 모든 상황을 자기중심적으로 사고하기 때문에 힘들거나 속상한 일이 생기면 선생님에게 표출하거나 엇나가는 경우가 많다. 이러한 상황에서 학부모가 선생님을 교사로서 인정하지 않고 개입하면 이보다 힘든 상황이 없다.

요즘은 학부모들이 자신의 아이만 감싸는 경향이 짙고, 선생님에게 자신의 생각을 말하거나 요구하는 데 당당하다. 간혹 뉴스에서 접할 수 있듯 선생님에게 폭력이나 폭언을 휘두르기도 한다. 그러한 상황을 잘 해결해나가는 것은 선생님의 역량이지만, 학생과 학부모 모두 노력해야 할 일이다.

인터뷰, 선생님을 만나다!

선생님은 어떤 생각을 하며 살고 계실까? 어떻게 해서 선생님이 되었을까? 선생님 일을 하면서 힘든 적은 없었을까? 선생님에 대해서 이래저래 궁금한 게 한두 가지가 아니다. 그래서 선생님을 직접 만나기로 했다. 화창한 여름, 푸르른 나무들 아래서 인덕과학기술고등학교 영어과목 장목원 선생님을 만났다.

Q: 안녕하세요? 인터뷰에 응해주셔서 고맙습니다. 선생님 소개를 간단히 해주세요.

A: 안녕하세요. 저는 인덕과학기술고등학교에서 영어를 가르치고 있는 장목원이라고 합니다.

Q: 선생님은 어떻게 해서 선생님이라는 직업을 선택하게 되셨나요?

A: 선생님은 가르치는 일을 잘해야 한다고 생각해요. 그런데 저는 선생님이 되려고 했다기보다는, 영어를 좋아했어요. 영어를 활용할 수 있는 분야가 무엇일지 생각하고 있었는데 부모님께서 영어 선생님을 하면 어떨까 하고 권유해주셨어요. 부모님 말씀을 듣고 생각해보니 현실적인 직업으로서 좋다는 생각이 들었어요.

Q: 현실적인 직업으로서 좋은 점이 무엇인가요?

A: 저는 여자이기 때문에 아이를 키우면서 다니기에 좋았어요. 안정되어 있고, 출·퇴근 시간이 정확하고 방학도 있고요. 자유롭게 쓸 수 있는 육아휴직도 있고요.

Q: 국공립학교는 연금이 나오잖아요? 인덕과학기술고등학교는 사립학교인데, 사립은 연금이 어떻게 되나요?

A: 사립학교 역시 사학재단에서 연금이 나와요. 국공립과 거의 비슷하게 나온다고 생각할 수 있어요.

Q: 아, 그렇군요. 그런데 선생님께서 처음부터 선생님이 되고자 하신 건 아니라 교직이수를 하신 건가요?

A: 아니요. 저는 대학원을 갔어요. 대학원을 졸업하고 다른 학교에서 근무하면서 경력을 쌓고 인덕과학기술고등학교에 시험을 봐서 입사했어요. 시험은 1차로 필기를 보고, 수업시강, 면접 등을 봤어요.

Q: 선생님께서는 일하는 즐거움을 언제 가장 많이 느끼세요?

A: 저는 소소한 것에 감동을 많이 받는 스타일이에요. 매일 아이들이 주는 작은 행복들에 취해서 살고 있어요. 아이들이 무언가를 크게 잘한다거나 성적이 좋아야 하는 건 아니에요. 아이들은 다양해요. 그래서 각자가 주는 기쁨도 다 달라요. 어떤 친구는 작은 마들렌을 만들어오기도 하고, 병영 체험을 하고 온 친구는 PX에서 화장품 선물을 사오기도 해요. 공부에 관심이 없던 친구가 열심히 할 때도 예쁘고, 예의 바르게 인사하는 모습도 기특해요. 저에게는 수업시간에 아이들과 공감하고 웃고 떠드는 것이 활력이 돼요. 나이가 들고 경력이 쌓여가니까 일하기 힘든 순간은 점차 줄고 보람이 넘쳐나네요.

4장

미래를
살아갈 수 있을까?

4차 산업혁명과
선생님

4차 산업혁명은 무엇이지?

'4차 산업혁명'이라는 용어는 2016년 6월 스위스에서 열린 다보스 포럼(Davos Forum)에서 포럼의 의장이었던 클라우스 슈밥(Klaus Schwab)이 처음으로 사용했다. 슈밥은 "이전의 1, 2, 3차 산업혁명이 전 세계적 환경을 혁명적으로 바꿔 놓은 것처럼, 4차 산업혁명이 전 세계 질서를 새롭게 만드는 동인이 될 것"이라고 말했다.

4차 산업혁명 시대는 로봇이나 인공지능(AI)을 통해 실제와 가상이 통합돼 사물을 자동적·지능적으로 제어할 수 있는 세상이다. 이는 인공지능, 사물인터넷(IoT), 로봇기술, 드론, 자율주행차, 가상현실(VR) 등이 주도하는 차세대 산업혁명이다.

1~3차 산업혁명의 발전 모습

산업혁명	내용
1차 산업혁명	1784년 영국에서 시작된 증기기관과 기계화
2차 산업혁명	1870년 전기를 이용한 대량생산 본격화
3차 산업혁명	1969년 인터넷이 이끈 컴퓨터 정보화 및 자동화 생산 시스템

이 시대에는 인공지능, 사물인터넷, 클라우드 컴퓨팅, 빅데이터, 모바일 등 지능정보기술이 기존 산업과 서비스에 융합되거나 3D 프린팅, 로봇공학, 생명공학, 나노기술 등 여러 분야의 신기술과 결합되어 실세계 모든 제품·서비스가 네트워크로 연결되고 사물에 지능이 부여된다.

전문가들은 4차 산업혁명이 초연결·초지능을 특징으로 하기 때문에 기존 산업혁명에 비해 더 넓은 범위에 더 빠른 속도로 크게 영향을 끼칠 것이라 전망하고 있다. 그리고 이 디지털혁명으로 전 세계 주요국 일자리가 500만 개 감소하리라 예측한다. 기계가 사람의 일을 대체할 것이기 때문이다.

4차 산업혁명의 4가지 키워드

4차 산업혁명은 대체 어떤 기술이 개발된 시대이길래 기계가 사람의 일을 대체한다는 것일까? 크게 네 가지 예를 들어보자.

① 사물인터넷(IoT, Internet of Things)

생활 속 사물들을 유무선 네트워크로 연결해 정보를 공유하는 환경을 말한다. 즉 각종 사물에 통신 기능을 내장해 인터넷에 연결되도록 해 사람과 사물, 사물과 사물 간의 인터넷 기반 상호 소통을 이루는 것이다. 이를 통해 가전제품과 전자기기는 물론 헬스케어, 원격검침, 스마트홈, 스마트카 등 다양한 분야에서 사물을 네트워크로 연결해 정보를 공유할 수 있다.

② 자율주행차

운전자가 브레이크, 핸들, 가속 페달 등을 제어하지 않아도 도로의 상황을 파악해 자동으로 주행하는 자동차를 말한다. 정확하게는 무인 자동차(Driverless Car, 운전자 없이 주행하는 차)와 다른 개념이지만 혼용돼 사용하고 있다.

③ 가상현실(VR, Virtual Reality)

컴퓨터로 만들어놓은 가상의 세계에서 사람이 실제와 같은 체험을 할 수 있도록 하는 최첨단 기술을 말한다. 머리에 장착하는 디스플레이 디바이스인 HMD(Head Mounted Displa)를 활용해 체험할 수 있다. 이러한 가상현실은 의학 분야에서는 수술 및 해부 연습에 사용되고, 항공·군사 분야에서는 비행조종 훈련에 이용되는 등 각 분야에 도입돼 활발히 응용되고 있다.

④ 드론(Drone)

조종사 없이 무선전파의 유도에 의해서 비행 및 조종이 가능한 비행기나 헬리콥터 모양의 군사용 무인항공기(UAV, Unmanned Aerial Vehicle 혹은 Uninhabited Aerial Vehicle)의 총칭이다. 2010년대를 전후하여 군사적 용도 외 다양한 민간 분야에도 활용되고 있다. 대표적인 것이 화산 분화구 촬영처럼 사람이 직접 가서 촬영하기 어려운 장소를 촬영하거나, 인터넷 쇼핑몰의 무인 택배 서비스이다.

4차 산업혁명과 교육

21세기에 들어 중요한 사건 하나가 있었다. 지난 2016년 있었던 세기의 대결, 바로 인공지능 알파고와 이세돌 기사의 바둑 대결이다.

"인공지능이 인간 가운데 바둑을 가장 잘 두는 사람을 이길 수 있을까?"

전 세계의 이목이 집중됐다. 2015년에 알파고와 먼저 겨뤄서 0 대 5로 진 판후이 2단보다 이세돌 9단의 기량이 더 높으니, 그가 분명 알파고를 이길 것이라고 예측한 사람이 많았다. 이세돌도 5전 전승으로 알파고를 이기겠다고 말했다. 그러나 결과는 1대 4로 인공지능의 승리였다. 세계인들은 놀라지 않을 수 없었다.

다음해 중국의 커제 9단이 자신은 알파고를 이길 수 있다며 큰소리를 쳤다. 그러나 결과는 3연패였다. 커제는 통곡했고, 알파고를 만든 딥마인드의 데미스 허사비스 CEO는 "알파고는 이제 바둑의 정점에 도달했기 때문에 더 이상 바둑시합에 참여하지 않을 것"이라며 은퇴를 선언했다.

전문가들은 커제의 통곡이 우리 아이들이 자라서 변화된 미래에 흘리게 될 좌절의 눈물이 될 수 있다고 경고했다. 이제 어느덧 4차 산업혁명은 더 이상 먼 미래의 이야기가 아니다. 세계 곳곳에서는 자율주행 자동차가 돌아다니고, 미국에서는 이미 1차 면접을 인공지능이 보고 있으며, 구글에서는 인공지능이 코딩을 하고 있다.

시대가 바뀌면 인재상이 변한다. 외환위기 이후 우리나라 기업에서 원하는 인재상은 전문성과 신뢰성을 갖춘 사람이 되었다. 그렇다면 4차 산업혁명 시대 역시 필요한 인재상과 직업관이 있을 것이다.

4차 산업혁명 시대에는 세계화, 기업가정신, 시민의식, 환경윤리, 건강, 경제 등이 중요하다. 이를 각 역량으로 나누면 다음과 같다.

① 생활역량: 유연성, 자기주도성, 사회성, 다문화 이해, 리더십, 책임감
② 정보역량: 정보, 미디어, 디지털기술 활용력
③ 학습혁신역량: 비판적 사고력, 소통력, 협업력, 창의력

여기에서 중요한 것은 '생활 및 정보역량'이다. 이것은 가정과 부모, 선생님과 같은 보호자의 역할이다.

이정동 교수 외 서울공대 석학 26인은 저서 《축적의 시간》에서 교과서에서는 배울 수 없는, 무에서 유를 창조하는 개념설계 역량이 중요하다고 말했다. 또 이주호 전 교육부 장관의 《4차 산업혁명이 요구하는 한국인의 역량과 교육개혁》에서는 자기주도학습 역량, 창조적 문제해결 역량, 소통기반 협력 역량이 중요하다고 한다. 이는 모두 수학이나 영어단어처럼 암기하고 기계적으로 풀어내는 방식에서 벗어난 교육을 말한다. 로봇 사회가 다가올수록 로봇이 아닌 인간만이 인간을 교육할 수 있는 이유이다.

4차 산업혁명과 선생님

오바마 전 미국 대통령은 사람들에게 지금 가장 중요한 언어는 컴퓨터 언어라며 이렇게 말했다.

"어린이들이 수학, 과학 등을 공부하도록 해야 한다. 모든 아이가 어려서부터 코딩을 배우도록 해야 한다."

우리나라도 2018년부터 소프트웨어 교육이 의무화되었다. 소프트웨어 교육의 의무화와 오바마 전 대통령의 이야기가 맞물려 엄청난 코딩 사교육 시장이 만들어졌던 바 있다.

그런데 코딩은 대체 무엇일까? 아이들은 코딩 학원에서 무엇을 배울까? 한 전문가에 따르면 코딩은 '차곡차곡 쌓아나가는 생각'이라고 했다. 게임을 만든다고 해보자. 배경과 장애물과 캐릭터가 차곡차곡 어느 순서로 쌓여야 할까? 그것이 코딩의 기초라는 것이다.

그런데 4차 산업혁명과 함께 대부분의 일자리를 기계가 차지해간다면, 선생님의 역할도 다를 바 없을 것이다. 교육이 단순히 지식과 기술의 전달에만 있다면 기계가 선생님의 역할을 더 잘해낼지도 모른다.

오늘날에도 대부분 지식은 컴퓨터 안에서 찾을 수 있고, 배우고 싶은 것은 기계를 몇 번 조작함으로써 얻을 수 있다. 그렇다면 선생님의 역할은 기계가 충분히 대체할 수 있는 것이 아닐까?

우리는 카이스트 정재승 교수의 이야기에서 해답을 찾을 수 있다. 정재승 교수는 "우리 교육이 호기심을 거세하고 있기에 희망이 없다"라고 말한 바 있다. 공부란 호기심을 해결하는 과정인데 지금 우리 교육은 하나의 정답만을 강요한다는 것이다. 학생이 자극을 찾아 나서며 스스로에게 질문하고 답하고 이해하고 새로운 세계를 대비해 설계하도록 돕는 역할은 인간만이 할 수 있다. 그것이 미래 사회에 선생님이 더욱 중요해지는 이유이다.

4차 산업혁명 시대 선생님의 역할

세계적으로 유명한 교육자이자 미래학자인 프렌스키는 학교가 학생의 미래를 어둡게 한다고 말했다. 그리고 그러한 학생들은 공통적인 특징을 보인다. 수업을 마냥 지루하게 느끼고 그렇기 때문에 수업에 대한 참여도가 낮다는 점이다. 수업에 대한 참여도가 낮으니 물론 성적이 잘 나오지 않는다. 그런데 4차 산업혁명 시대는 이러한 학생들에게 수업을 재미있게 느낄 수 있도록 도울 수 있다. 현실에서 기계를 활용할 수 있고, 그로 인해 교육 패러다임에도 변화가 일어날 것이다.

지금은 기계가 대체할 수 있는 것들에 교육이 집중되어

있다. 하지만 이제 수업은 강의 중심의 단순 지식 전달이 아닌 학생이 직접 경험하게 하고 자기의 말과 그림으로 표현하게 하는 것, 설명과 발표를 통해 개인의 역량을 키우는 것으로 변해갈 것이다. 이렇게 수업의 중심이 선생님에서 학생으로 이동해갈 때, 선생님의 역할은 더욱 중요해진다. 이 말은 미래 선생님이 되고자 하는 사람들이 가장 중요하게 생각해볼 부분이다. 선생님이 교실에서 하는 역할이 180도 달라진다는 뜻이기 때문이다.

정재승 교수의 말처럼 모두가 수업에 적극적으로 호기심을 갖고 참여하게 하고 호기심을 풀어나가는 과정이 바른 학습이라면, 기계를 활용하여 학생들의 참여를 높일 수 있는 것이 4차 산업혁명인 것이다.

4차 산업혁명 시대에 이뤄지는 교육은 지금까지 우리가 해오던 방식과는 많이 달라져야 한다. 학습적으로는 더 많은 디지털 자료나 기기를 활용할 수 있어야 하며, 정서적으로는 선생님만의 역할을 찾아 아이들을 보듬고 이끌어나가야 한다. 아이들과 소통하며 올바른 학습으로 인도해주는 것, 정서적인 부분을 채워주는 것, 4차 산업혁명 시대에 사회를 이끌고 상담자의 역할이 되어주는 것 모두 선생님만이 할 수 있다.

코로나 시대를 겪으며 우리는 온라인 속에서 훨씬 많은

콘텐츠를 접할 수 있고, 마음만 먹으면 훨씬 많은 공부를 할 수 있으며, 언제 어디에서나 수업이 가능하다는 사실을 알게 되었다. 그럼에도 선생님이 필요한 건 아무리 기술이 발달해도 공동체 생활을 통해 배우는 것이 있기 때문이다. 물론 스스로 잘하는 아이들도 있지만 대부분 아이들은 공동체 안에서 배우는 것이 많다. 또 아이들을 학교에 보내야 부모와 조부모가 생활을 할 수 있다.

학교의 역할은 곧 선생님의 역할이다. 기술이 발전할수록 아이들의 정서발달을 위해 선생님의 역할은 더 크다.

아주 현실적인
미래 전망

미래 선생님의 위치

선생님은 누구에게나 존경받는 직업이다. 학교 밖에서 자기소개를 했을 때 직업이 선생님이라고 무시하는 사람은 없다. 자신을 직접 가르치지 않아도 선생님이라는 이유로 존중하고 예의를 갖춘다. 우선 호칭에서부터 '님'이라는 글자를 꼬박꼬박 붙이지 않는가?

함께 일하는 동료들에게 같은 교사로서 인정받고, 가장 많은 시간을 함께하는 학생들에게는 존경을 받는다. 학부모 상담이 어렵다고는 하지만 모두 선생님께 경어를 쓰고 깍듯하게 대한다.

그런데 요즘 교권이 무너지고 있다고 한다. 가끔 선생님께 폭력을 행사하는 학생이나 학부모가 보도되기도 한다.

앞으로 선생님의 위치는 어떻게 될까? 이대로 가다가는 학생들과 학부모에게 더 이상 존중받지 못하는 존재가 되어버리는 건 아닐까?

하지만 미래 사회로 나아갈수록 선생님은 더욱 중요한 자리에서 귀한 대접을 받을 것이다. 코로나19로 학생들이 집에서 수업을 받으면서 선생님의 역할도 새로이 재정립되고 있다. 선생님은 단순히 지식과 기술을 전달하는 직업적인 사람이 아니다. 지식이나 정보가 필요하다면 인터넷 창에 몇 글자를 써넣음으로써 지식을 얻을 수 있고, 화면을 통해 설명하는 선생님이나 로봇이 더욱 친절하고 상냥하게 정보를 전달할 것이다.

그러나 인간은 사회적 동물이며, 사회 속에서 배우고 성장한다. 학생들이 모이든, 선생님과 학생 둘이 모이든, 사람과 사람 사이에 함께해야 배울 수 있다. 점차 사람을 직접 만나지 않고 원하는 정보만 취할 수 있는 미래 사회에는 그 중심에서 마음을 보듬고 인간으로서 존엄을 가르쳐 줄 선생님의 존재가 중요해질 것이다.

복지가 좋은 직업

공무원 호봉 표를 보면 얼핏 연봉이 적다고 느껴질 수 있다. 하지만 호봉이 올라가면 연봉은 계속해서 올라간다. 일

년에 두 번 성과급을 받고, 그 외 기타 수당을 받으니 실수령액은 결코 적지 않다.

복리후생 제도도 워낙 잘 돼 있고, 방학이 있다는 사실도 큰 장점이다. 미래에도 방학이 없어질 것 같지는 않다. 그리고 무엇보다 좋은 건 연금. 선생님은 교육 공무원 신분으로 연금을 받는다. 죽을 때까지 먹고살 걱정은 없다는 뜻이다. 국가 임용고시를 보지 않고 사립학교로 취업한 선생님은 어떡하냐고? 사립학교는 사학재단에서 연금을 준다. 그리고 연금의 액수는 나라에서 주는 것과 거의 비슷하다.

학계에서는 미래 사회에서 인간의 일자리가 점차 사라질 것이라 전망한다. 인간이 하는 일의 대부분을 로봇이 대신하게 될 거라고 말한다. 거기다 지구는 날이 갈수록 황폐해져 가고, 식량도 점차 부족해지고 있다. 직업을 갖고 일을 해야 돈을 버는데, 사람이 할 수 있는 일이 사라진다면 무슨 일을 해야 먹고살 수 있을까? 그러한 면에서 본다면 안정적으로 월급을 받고, 노후가 보장된다는 사실은 엄청난 장점이다.

미래 선생님에게 필요한 능력

학교도 직장이고, 어디든 월급을 받는 곳이라면 어려움이 없을 수 없다. 하지만 4시 30분에 퇴근할 수 있고, 방학이 있으며, 쉬는 시간이 있는 직장은 흔치 않다. 목이 터져라 수업을 하고 아이들 상담을 하고 교무업무를 보노라면 힘들다고 느낄 수는 있다. 학부모들과 기싸움을 벌이고 나면 녹초가 될 수도 있다. 그래도 상사의 눈치 보며 야근은 하지 않아도 되니, 업무 강도가 센 편은 아니다.

게다가 미래 사회에는 업무가 더욱 수월해질 가능성이 크다. 로봇 사회로 들어섬에 따라 교무업무는 대부분 전산으로 간단하게 처리하게 된다. 하이퍼링크와 가상현실이 점차 발달하면서 지식이나 기술의 전수 또한 점차 기계에 의존하게 될 것이다. 선생님은 로봇을 통제하고 교실 전체의 분위기를 이끌어가기만 하면 된다.

미래 사회의 선생님은 로봇을 능숙히 다룰 줄 알아야 한다. 요즘도 선생님들이 하이퍼링크나 미디어 매체를 교육에 적절히 활용하고 있다. 학생들 입장에서는 수업을 이해하기 쉽고, 더욱 재미있게 집중해서 들을 수 있다. 미래 사회에는 더 많은 매체와 수단이 생길 텐데, 선생님이 능숙하게 다룰 줄 알아야 수업이 수월해지고, 학생 입장에서도 수업이 흥미로울 것이다.

선생님이 될 수 있는 가능성

2009년 기준으로 우리나라 교원은 총 52만 7488명(여성 31만 957명)이다. 그런데 표를 보면 하급 학교일수록 여성 교원의 비율이 높아지고 있다.(유치원 98.2%, 초등학교 74.6%, 중학교 66.4%, 고등학교 43.4%, 대학교 24.5%) 1970년대 이후로 여성이 선생님이 되는 경우가 많아졌고, 선생님이 여성에게 인기 있는 직종이기에 앞으로도 여성 선생님의 비율은 더욱 높아질 것으로 생각된다.

전국 각 교육기관 교원 수(명)

각급 학교	남	여	총 인원
유치원	618	34,797	35,415
초등학교	44,516	130,552	175,068
중학교	37,984	71,091	107,075
고등학교	70,843	54,240	125,083
대학교	62,570	20,277	82,847
교원 총 인원	216,531	310,957	527,488

한편 각종 교원양성기관에서는 매년 수천 명의 새로운 교원 자격자가 나오고 있다. 하지만 학교는 한정되어 있고 학생의 수가 계속해서 줄면서 학급의 수도 줄어들었다. 교원은 법적으로 정년이 보장되기 때문에 선생님의 빈자리는 잘 나지 않는다. 때문에 교원 자격이 있다고 해서 선생님이

다 될 수는 없다. 교육대학교나 사범대를 졸업해도 교원이 되지 못하는 것을 '교원 적체 현상'이라고 한다.

최근에는 적체 현상이 더욱 심각해졌다. 사립학교 출신은 물론 국립의 교육대학교와 사범대학 출신자들의 임용률도 매우 낮다. 이러한 교원 적체 현상은 1960년대 아이들의 수가 급격히 많아지면서 교원이 부족해진 데에 원인이 있다. 그때 부족한 교원을 채우기 위해 무리하게 양성기관과 학생 수를 늘린 것이다.

이러한 상황에서도 교원 1인당 학생 수는 유치원 15.2명, 초등학교 19.8명, 중학교 18.7명, 고등학교 22.4명, 대학교 38.5명으로 점차 줄어드는 추세이다. 이 통계상으로 보면 선진국 교원 1인당 학생 수와 크게 차이가 나지 않는다. 특히 통계 자료는 전국의 평균값이다. 대도시의 학생 수는 많고 소도시의 학생 수는 훨씬 적은 것이다. 또 대학의 경우 시간강사 비중이 높기 때문에 1인당 학생 수가 많이 집계된다. 그러니 교사 1인당 학생 수는 지금도 적은 편이라 할 수 있다. 학생 수는 점차 줄어드는데 교육 여건은 개선되고 있으니 앞으로 교원의 수는 조금씩 줄어들 것이다.

하지만 전문가들은 "1인당 학생 수가 적은 편이더라도 선진국가 수준으로 더욱 적게 끌어올려야 한다"고 입을 모은다. 학생에 대한 부담이 크고, 각종 홍보 활동 및 행사 참여,

행정적인 사무 처리 등의 업무와 보충수업, 진학지도, 교외 생활지도 등 선생님의 업무가 많으면 학생 개개인을 지도하기 어렵기 때문이다. 일이 많아 힘이 들면 교사의 사기가 떨어짐도 물론이다. 그러니 미래 사회에는 교원 채용의 수를 늘리고 교사 1인당 학생 수를 줄여나가야 할 것이다.

선생님이 되기 위해 더 알아야 할 것들

여러분이 대학에 입학할 때와 졸업할 때는 상황이 다를 수 있다. 입학할 때는 국어 선생님이 비전이 있었는데 졸업할 때가 되니 국어 선생님은 임용이 어렵다든가, 입학할 때는 영어교육이 대세였는데 졸업할 때가 되니 중국어 붐이 일었다든가 하는 등 상황이 달라질 수 있다. 어떤 과목은 교육과정이 바뀌면서 교사를 더 이상 임용하지 않게 되기도 한다. 그러니 졸업할 즈음에 선택한 학과의 과목 선생님에 비전이 있는지 생각해봐야 한다. 여러 가지 변수를 고려해 진로를 확실히 결정해야 한다.

현재 교육대학교나 사범대학에 진학하는 수험생들이 졸업할 즈음에는 교사임용시험 응시 인원이 더 많아질 수 있다. 응시 인원은 해마다 증가하고 있다. 하지만 실망은 금물이다. 국공립학교가 아니더라도 사립학교나 교육계열의 다른 직업을 가질 수 있으니 학교를 다니는 동안도 적성과 미래가치를 끊임없이 생각해야 한다.

예를 들어 체육교육과에 다니다가 학교 선생님이 적성에 맞지 않는다고 생각했다면, 유아체육 관련 강사로 전환할 수도 있고, 개인 트레이너나 장애재활치료사가 될 수도 있다. 또 국어교육과를 다니다가 학교 선생님이 적성에 맞지 않는다고 생각했다면, 학원으로 발을 돌려도 되고, 교재 출판사에 근무할 수도 있다. 교육 관련 업계에 취업하거나 교재 집필위원으로 책을 쓸 수도 있다.

유사직종
탐색

세상에는 선생님이 참 많다

교원만이 아니더라도 선생님의 종류는 많다. 주위를 둘러보면 학교에서 근무하는 선생님 외에도 수많은 선생님이 있다. 학원 선생님, 과외 선생님은 물론이고 문화센터나 도서관, 보건소, 병원 등에서도 선생님을 만날 수 있다. 선생님은 교원이 아닌 경우 사설기관에서 근무하는 경우가 가장 많고, 국가기관이나 교육기관에서도 근무한다. 또한 문화예술이나 기술을 전수하는 분들도 모두 선생님이다.

각 교육센터에서 이뤄지는 강습은 그 수를 헤아릴 수 없이 다채롭다. 유아부터 성인까지 연령층도 다양해서 과목이 아주 세밀하게 나뉘어 있다. 꽃꽂이, 자수, 요리, 커피, 등 실용적인 분야부터 수학, 독서, 과학 등 교육적인 내용까지 그 범위가 굉장히 다양하다.

예를 들어, 어린이와 학부모에게 인기 있는 강좌는 무엇일까? 오감발달을 위한 강좌나 예체능을 접해보는 강좌가 인기가 많다. 엄마들이 매일 아이들을 데리고 '문화센터(백화점 등 기업에서 운영하는 교육센터를 일컫는 말이다)'를 들락거리는 데에는 이유가 있다. 수업이 아이에게 꼭 맞고 재미있는데 비용도 저렴하기 때문이다.

그밖에도 초등학생을 대상으로 하는 예체능이나 역사, 논술, 수학, 과학, 영어 등 많은 학원들이 있다. 어학이나 다양한 자격증, 취미활동 등 성인을 대상으로 하는 강좌도 두루 열린다. 이렇게 가르치는 대상과 분야가 다양하므로 자신의 적성에 맞는 곳을 찾아 '가르치는 일'을 하면 된다. 학교 외에도 가르침을 필요로 하는 곳은 생각보다 많이 있다.

선생님으로서는 출·퇴근 시간이 정해져 있지 않고 수업시간에만 가르치면 되므로 시간적으로도 여유롭다. 선생님의 자격은 가르치는 대상과 분야, 기관에 따라 조건이 모두 다르므로 자신이 원하는 곳의 웹사이트 등을 이용해 정보를 찾아보자.

또 어디에서 가르칠까?

보건소, 도서관 등과 같은 국가기관에서도 다양한 선생

님을 초빙한다. 보건소에서는 구강이나 건강과 관련된 강좌를 열기도 하고, 태교교실과 같은 강좌를 열기도 한다.

도서관은 다양한 문화예술 활동을 체험하거나 지식을 얻을 수 있는 강좌를 연다. 책을 낸 작가가 강연을 하기도 하고, 전문가가 수업을 진행하기도 하는데 수업은 1회에 끝날 수도 있고 연속해서 진행될 수도 있다. 사설기관에 비해 저렴하거나 무료로 진행하는 강좌가 많아 시민들이 많이 찾는다.

국가기관뿐만 아니라 교육기관에서도 교원 외 선생님의 손길을 필요로 한다. 요즘은 학생들의 창의력을 기르고 다양한 체험을 하도록 교육이 이뤄지고 있어서 학교에서도 교과 외 수업들을 만들고 있다. 이를테면 가야금과 같은 국악수업이나, 자서전 쓰기와 같은 글쓰기 수업 등이 있는데, 주로 전문 선생님을 초빙해 수업을 진행한다. 선생님 입장에서는 시간을 적게 들이며 본인의 전문 분야만 가르칠 수 있으니 좋고, 학생 입장에서는 질 높은 수업을 들을 수 있으니 좋다.

학교에서는 방과후 수업이 점차 더 많아지고 있다. 학교가 보육의 역할을 수행하면서 아이들을 학교에서 보살피기 위해 시작되었는데, 사교육 시설에서나 받을 수 있는 수업을 저렴한 비용으로 받을 수 있어 인기가 있다. 로봇창의,

과학탐구, 바이올린, 미술, 쿠키 만들기 등 학교 수업시간에 배우지 않는 흥미롭고 재미있는 과목들로 구성된다. 방과후 선생님은 아침부터 출근하지 않고, 수업이 끝나면 퇴근하기 때문에 시간을 여유롭게 쓸 수 있다.

다양한 학원 선생님

우리나라 교육 시장에서 큰 비중을 차지하고 있는 건 단연 학원이다. 학원에서는 학교에서 배우지 못하는 것을 배울 수도 있고, 학교에서 뒤처진 공부를 보충할 수도 있다. 이를테면 개인의 소양을 위해 피아노, 태권도, 검도 등의 학원을 다니며 배울 수 있다. 수학 문제를 푸는 게 힘들다면 학원에서 조금 더 배워볼 수 있고, 학교에서 배우는 영어가 너무 쉬워 재미가 없다면 학원에서 영어를 배우며 앎의 욕구를 충족할 수 있다.

학원의 수가 많은 만큼 학원에서 근무하는 선생님의 수도 많다. 학원 선생님은 일하는 만큼 급여가 정해지기 때문에 상상도 못 할 정도로 많이 받기도 하고, 매우 적은 금액을 받기도 한다.

근무시간은 학생의 시간에 맞춰 정해진다. 영유아를 대상으로 한 학원은 오전 시간에, 학생을 대상을 한 학원은 방과 후에 근무한다. 성인을 대상으로 한다면 가정주부는 아이들이 집에 돌아오기 전까지의 시간에, 직장인은 출근 전 새벽이나 퇴근 후 저녁에 근무한다.

학원 선생님의 업무는 학교 선생님과 거의 같다. 하지만 가르치는 것에 있어서 학교 선생님이 전인적 교육을 지향한다면, 학원 선생님은 성적 등의 특정한 목적에 중점을 둔다. 학습과 관련된 과목이라면 학생들의 성적을 올리고, 마음을 치유해주거나 자기계발이 목적인 강의라면 사람들의 공감을 이끌어내는 사람이 인기 있는 강사가 된다. 스타 강사 중에는 걸어다니는 재벌이라 불릴 정도로 돈을 많이 버는 사람들도 있다. 티브이에 나오는 스타처럼 거리에서 알아보는 사람도 많다.

문화예술을 전수하는 선생님들

문화예술이나 기술을 전수해주는 선생님도 있다. 국악, 음악, 문학, 도예, 목공예, 나전칠기 등 예술장인의 재능을 전수하는 것이다. 탱화를 그리거나 조각보 만드는 법, 한옥 짓는 법을 가르치기도 한다.

이들은 온 생을 바쳐 익힌 기능과 예술을 전수하는 만큼 가르치는 동안 학생들로부터 특별히 더 많은 존경을 받는다. 오롯이 문화예술과 기술을 전수하는 것이 목표이므로 학교나 학원처럼 특별히 학생을 관리하거나 전인교육을 하지는 않는다. 그러니 교무업무가 있을 리 없다. 상담에도 크게 시간을 할애하지 않으며, 출·퇴근 시간이나 장소는 주로 선생님의 시간에 맞춰진다.

벌 수 있는 돈도 천차만별이다. 배움을 돈으로 환산하기 어렵기 때문이기도 하다. 굳이 돈벌이를 목표로 하지 않더라도, 기능장이 되려고 하거나 예술이나 기술을 배우거나, 재능이 있는 학생을 모집해 전수해줄 수 있다.

직업을 통해
얻을 수 있는 가치

누군가에게 지식이나 기술을 전한다는 것

선생님은 전문가이다. 선생님이 되기 위해서는 일정 수준 이상의 지적 능력이 필요하다. 긴 시간 배우고 훈련해야 하고, 자율성과 함께 사회적 책임이 주어진다. 이러한 전문성을 바탕으로 권위를 갖는다. 선생님은 고유의 권위로 학교생활을 통제하고 역할을 수행한다.

하지만 우리는 학생을 '제자'라고 부르지 않고 '소비자'라고 부르는 시대에 살고 있다. 학생과 학부모는 교육을 소비하는 '교육 소비자'라고 한다. 이제 더는 주소지에 얽매이지 않고 학교를 선택하는 학부모가 많고, 교육이 학교 안에서 끝나지만도 않는다. 교육 소비자에게 선생님은 교육을 제공하는 사람 중 한 명일 뿐이다. 교육 제공자는 언제든 바뀔 수 있고, 바꿀 수 있고, 선택할 수 있다고 생각한다. 학부모나 학생의 권리의식이나 참여의식이 높아질수록 선생님은 교육을 제공하는 직업으로만 인식되고 있다.

지식과 기술을 전수하는 일이 그렇게 단순하고 간단하다면 굳이 시간을 내 학교를 다니지 않아도 될 일이다. 비싼 돈을 들여 학원을 다니고, 과외를 받을 일도 없다. 인터넷 창에 몇 글자를 써넣으면 엄청난 정보들이 쏟아져나오고 잘 정리된 개인의 글도 찾을 수 있다. 유튜브에서는 글자조차 읽을 필요가 없다. 모든 지식이나 정보가 동영상 안에 잘 정리되어 있다.

그런데 우리는 왜 교육기관을 찾아가는 걸까? 시간과 비싼 돈을 들여가면서 말이다. 무언가를 배우고 가르치는 일에는 상호작용이 필요하다. 어느 부분이 더 중요한지, 모르는 부분을 어떻게 찾아야 하는지, 어떤 부분을 놓치고 있는지, 어떻게 훈련하며 익히는 것이 효과적인지 길잡이가 되어주고 자신이 알고 있는 모든 지식을 전수해주는 것이 바로 선생님이다.

그러기 위해서는 학생의 상황을 파악해야 하고, 마음을 나누어야 한다.

얼마 전 시골 할머니들이 시를 써서 시집을 펴내 화제가 될 일이 있다. 할머니들이 처음 시작한 건 한글을 배우는 일이었다. 어려서 결혼을 하고, 아이를 낳고, 농사를 짓고 살다 보니 한글을 배우지 못했는데, 늦어서나마 소원을 풀고 싶다는 이유였다. 그리고 이 할머니들은 시인이 되었다. 배운 한글로 시를 쓰고, 마음을 표현하며 울고 웃었다. 할머니들을 시인으로 이끌어준 사람은 한글 선생님이었다. 지식을 나누기 위해 깊이 공감해주는 사람이 바로 선생님이다. 이는 로봇이 절대 대체할 수 없을 선생님만의 역할이다.

한 사람을 온전히 키워내는 일

선생님이 고유의 권위를 갖는 것은 지식이 많고 교육 방법을 알고 있는 전문가이기 때문만은 아니다. 예로부터 선생님은 사람들을 이끄는 역할을 했다. 사람들을 교화하고, 계몽하고, 사회의 질서를 유지하는 지역사회의 스승이었다.

현대에 들어 선생님을 직업으로만 생각하게 되었지만, 여전히 사회는 선생님에게 다양한 역할을 요구한다. 선생님은 지식과 기술을 가르치는 일뿐 아니라 생활지도, 인성지도, 진로상담 등을 맡고 있다. 지역사회를 계몽시키고 교육 활동을 전개하는 일, 국가의 교육정책 입안에 참여하고 교육 발전에 공헌하는 일도 선생님의 역할이다.

또 선생님은 누구보다 윤리적이어야 할 책임이 있다. 학생들은 지적으로나 도덕적으로 선생님의 절대적 영향력 아래 있다. 선생님이 욕을 하면 학생도 욕을 하고, 선생님이 성차별을 하면 학생도 성차별을 한다. 선생님은 수업시간에 지식만 전달하고 나가면 그뿐인 사람이 아니다. 보호자로서 학생에 대한 책임이 있다. 한 사람을 온전히 키워내는 일, 변화시키는 일, 이끌어주는 일은 선생님의 어깨를 무겁게 하지만 보람을 느끼게 한다.

선생님이 어떻게 하느냐에 따라 한 사람의 생활태도나 가치관이 달라진다는 건 엄청난 일이다. 그에 따라 인생이 달라질 수 있기 때문이다.

어려서부터 엄마에게 학대를 당한 친구가 있었다. 그렇게 상처받은 마음이 중학교에 들어갔을 무렵 비뚤게 표출되었다. 좋지 않은 친구들과 어울리고 학교를 자주 빠지고 어떤 친구들을 따돌렸다. 그랬던 친구가 한 선생님의 사랑과 관심으로 조금씩 변하기 시작했다. 그는 이렇게 말했다.

"그때 담임 선생님이 제 인생의 구세주였습니다."

지금 인생을 살아가는 태도나 가치관은 모두 그때 선생님께 배운 것이라고 했다.

"사람들이 저한테 가정교육을 잘 받았대요. 그런데 사실은 모두 선생님께 배운 거예요. 교복 똑바로 입어라, 염색하지 마라, 지각하지 마라……. 그때는 잔소리로 들었는데."

사람을 치유하고 올바로 인도하는 직업

사실 친구를 변화시킨 건 선생님의 잔소리가 아니었다. 거의 매일 선생님께 불려가 상담을 했는데, 그렇게 매일 마주하다 보니 어느 날 속마음을 아주 조금 털어놓게 되었다고 한다. 사실 그때만도 속으로 아차 싶고 심장이 두근거렸는데, 선생님이 정말 의연한 표정으로 친구의 편을 들어줬다는 거다.

"왜 그랬을까요? 저는 제가 혼날 줄 알았어요. 지금 생각해보면 제가 잘못한 건 아니었는데, 왠지 선생님이라면 혼내는 사람 같았나 봐요. 그런데 선생님께서 딱 제 편을 들어주시는 거예요. 그때부터 선생님께 마음을 연 것 같아요."

어쩌면 그에게는 마음을 열고 이야기를 들어줄 사람이 필요했을지도 모른다. 자신의 상황과 마음을 공감하고 그러한 상황에서 어떤 생각과 행동을 해야 할지 마음을 붙들어줄 사람. 이 세상에, 이 사회라는 곳에 한 명의 사람으로서 잘 살아갈 수 있도록 도와줄 사람이 필요했다.

현대 사회에서는 인간의 존엄이 실종되고 있다고 말한다. 사람이 사람의 마음을 헤아리는 일이 줄어든다는 뜻이다. 하지만 사람은 마음을 이해받고 한 명의 사람으로서 존중받을 때 올바로 살아갈 수 있다. 사람과 사람 사이의 거리가 멀어지고 사람을 대면하지 않고도 할 수 있는 일이 많아진 시대에서 학생들의 탈선이 점점 사회적 문제가 되고 있다. 이러한 시대일수록 마음을 치유하고 올바로 인도하는 선생님의 역할이 중요하다.

보람과 자부심을 느낄 수 있는 일

앎은 소중한 것이다. 인류는 불을 발견한 이후 수많은 성과를 이루어냈다. 우리가 선생님께 배운 것들은 삶에 얼마나 많은 자양분이 되었을까? 선생님께 배운 하나하나가 지금의 우리를 이루고 있는 게 아닐까?

학교는 가장 보수적인 곳이지만 항상 개혁이 있어왔다. 선생님은 늘 '학생을 어떻게 교육시키는 것이 가장 효과적일까?'를 고민하기 때문이다. 선생님의 고민은 지식의 전달에만 국한되지 않는다. 선생님은 권위를 가진 사람임과 동시에 사회 구성원들에 대한 책임을 지고 있기 때문이다.

물론 어떤 직업이든 보람과 자부심을 느낄 것이다. 그런데 선생님이 느낄 수 있는 보람과 자부심은 남다르게 생각된다. 다른 사람에게 직접적으로 선한 영향을 끼치고, 사람이 사람을 변화시키는 일은 아무나 할 수 있는 것이 아니니까.

미래 사회에서 선생님의 가치

사회의 경제적, 정치적, 문화적 발달에는 교육이 가장 중요한 역할을 하고 있다. 그래서 국가는 교육에 많은 투자를 한다. 우리나라 역시 매년 정부 예산의 1/4, 국민총생산(GNP)의 5~6퍼센트를 공교육에 투자한다. 이러한 교육의 중요성 속에서 가장 중요한 주체는 선생님이다. 선생님 없이는 교육이 있을 수 없다.

유네스코는 '교원의 지위에 관한 권고'라는 문서에서 국가가 선생님의 지위와 신분을 보장하도록 하고 있다. 국가에서 선생님의 지위와 신분을 보장했을 때 우수한 선생님들을 확보할 수 있기 때문이다. 교사의 질이 높아야 교육의 질이 높아지고, 올바른 교육을 제공하려면 우수한 선생님들이 있어야 한다.

한때 우리는 교육체제가 획일화되어 있어서 선생님이 주체적으로 학생을 교육하기가 쉽지 않았다. 1953년 교육자치제가 실시되었으나 1961년 폐지되었고, 1991년부터 비로소 교육자치제가 실시되었다. 오늘날에는 교육 내용, 교수 방법, 학생 지도 등에 있어서 대체적으로 자율성이 보장되고 있다.

선생님의 자율성이 중요한 이유는 선생님은 교과서의 지식만 읊는 기계가 아니기 때문이다. 그리고 선생님에게 자율성이 부여될 때 교육의 질이 높아진다는 사실은 선생님의 역할을 절대 기계로 대체할 수 없다는 의미이기도 하다.

선생님이 된 나를 만나다

여러분이 드디어 선생님이 되었다! 여러분은 어떻게 해서 선생님의 꿈을 꾸었고 선생님이 될 수 있었을까? 선생님이 되어보니 무엇이 좋은지도 궁금하다. 미래 여러분을 만나 인터뷰를 해보았다.

Q: 만나서 반가워요. 이렇게 훌륭한 선생님이 되었네요.

A: 네. 선생님이 되어야겠다고 생각한 이후로 선생님이 되기 위해 꾸준히 노력했어요. 다행히 선생님이 되었고, 매일 즐거움을 느끼며 살고 있습니다.

Q: 꿈을 이룬 것을 축하드립니다! 그런데 선생님이 되어야겠

다고 생각한 계기는 무엇인가요?

A: 특별한 계기는 없었어요. 아주 어렸을 적부터 막연하게 선생님이 되고 싶다는 생각이 있었지요. 누가 꿈이 뭐냐고 물으면 명확하지는 않았지만 '선생님'이라고 대답했거든요. 그러다 고등학생 때 교육대학교에 진학하겠다고 목표를 정하게 되었습니다.

Q: 교육대학교에 진학했다면 현재 초등학교에서 근무하고 있나요? 교육대학교에 입학할 때 어려움은 없었나요?

A: 네. 초등학교에서 초등학생들을 가르치고 있습니다. 저는 교육대학교에 진학하기 위해 먼저 필요한 정보들을 모았어요. 집에서 가장 가까운 곳으로 진학하고 싶었는데, 학교를 탐방해보고 선배들의 이야기도 들어본 뒤 특정 학교를 목표했어요. 그 학교에 진학하기 위해 필요한 자질과 성적을 만들기 위해 얼마나 노력했는지 몰라요.

Q: 구체적으로 어떤 노력을 했는지 들려줄 수 있으세요?

A: 가장 중요한 건 성적 관리였어요. 우선 저는 분량을 정해두고 예습과 복습을 철저히 했어요. 공부하면서 이해하기 어려운 부분이 생기면 학원의 도움을 받기도 했고, 친구들과 학습동아리도 만들어서 함께 공부했습니다. 그리고

학습멘토 활동도 적극적으로 했는데, 후배들에게 공부를 가르치면서 예비 선생님 노릇도 해보았어요.

Q: 선생님이 된 후, 교실에서 아이들을 가르치는 것이 생각했던 것과 비슷했나요? 또 수업은 주로 어떻게 진행하시나요?

A: 네. 거의 같아요. 사실 생각보다 더 즐거워요. 아이들을 만나면 제가 더 에너지를 받아요. 아이들과 함께 지내는 시간이 어른들과 있는 것보다 훨씬 행복하다는 생각도 들고요. 요즘은 다양한 미디어를 활용하기 때문에 과거에 비해 수업 준비에 손이 더 가지만 수업을 진행하기는 쉬워요. 학생들의 집중도도 훨씬 높고요. 단순히 암기하고 설명을 듣는 수업이 아닌 학생들이 직접 체험하고 생각하며 느끼는 수업이라 수업시간은 늘 활기가 넘칩니다.

Q: 선생님이 되고 싶었던 과거 자신에게 들려주고 싶은 이야기가 있다면, 한마디 부탁드려요.

A: ○○아, 너 선생님이 되기를 꿈꾸고 있니? 내가 선생님이 되고 보니까 네가 걱정하고 두려워했던 것만큼 어려운 일도 있지만, 그만큼 보람도 있고 즐거운 일도 많아. 그리고 너는 혼자가 아니야. 동료 선생님도 있고, 무엇보다 학생들이 너를 많이 사랑해주고 잘 도와준단다.

네가 미래를 향해 한 걸음씩 나아가기를 바라. 아주 큰 무언가가 필요한 건 아니야. 하루하루 해야 할 일을 성실히 해내는 것이 중요해. 꾸준히 노력하면 원하는 것을 얻을 수 있어! 미래의 이 자리에서 너를 응원하며 기다리고 있을게. 파이팅!